어른들의 시선이
아이들의 현실이 됩니다

영 화 로
만 나 는
아 동 권 리 감 수 성

어른들의 시선이
아이들의 현실이 됩니다

원은정 지음

COOPERATIVE
착한책가게

차 례

우리의 시각이 아이들의 환경이다

같이 아프자고 쓴 책이다. 같이 아프다는 건 공감하는 것이고 공감이
지닌 힘 중 가장 강한 게 '연대'임을 알기 때문이다. 기업 강의를 하던
사회생활 초반에 아동양육시설(보육원 등을 일컫는 공식 명칭)에 선물을
전해줄 겸 봉사활동을 갔을 때가 이 책의 첫 시작인지도 모르겠다.

"안아주지 마세요."

봉사 시 주의사항을 듣고 마음 한구석이 처연해졌다. 아이들의 요구
로, 또는 귀여워서 안아주고 나면 봉사자들이 돌아간 후에도 계속 안아
달라 하기 때문에 적은 인원의 보육교사가 감당할 수 없다고 했다. 또
한 그렇게 정붙인 어른들을 마냥 기다리지만 다시 오지 않는 봉사자가
많은 것도 이유였다. 그래도 안아달라고 하면 어떻게 해야 할지 물어보
자, 매일 와서 안아줄 자신이 있으면 안아줘도 된다고 농담처럼 대답했

다. 하지만 이내 농담이 아니라는 걸 알 수 있었다. 아이들은 우리를 보자마자 안아달라고 하기 시작했고, 매일 올 자신이 없어서 나는 아이들의 요청을 같이 놀자는 말로 얼버무리며 앉았다가 일어섰다가를 반복했던 기억이 난다. 그때부터 만 18세가 되면 아동양육시설을 퇴소해야 하는 아이들(현재는 만 24세까지 연장할 수 있다)을 찾아다니며 이런저런 프로그램으로 시간을 같이 보내기 시작했고, 결국에는 기업 강의를 그만두고 아동·청소년들과 그 주변의 어른들을 만나는 분야로 전향하게 되었다. 그렇게 시작된 첫 만남 이후 아이들 곁에서 21년의 세월을 보내고 있다. 안아주고 싶지만 매일 안아줄 자신이 없어서 이리저리 말을 돌리던 나를 아이들이 초대해준 것이고, 그렇다면 사회 전체가 아이들을 안아주면 되지 않을까 하는 이상과 희망 어디쯤의 마음으로 지금까지 이어지게 되었다.

우리나라 아이들은 행복지수가 낮고 자살률이 높다는, 도통 변하지 않는 통계를 접할 때마다 한숨이 나온다. 동시에 사회의 관심이 높아져 사회 구성원의 생각과 정책이 바뀌는 날이 올 거라는 기대도 결코 놓지 않고 있다. 기대를 놓는 순간 아이들도 놓아지는 것 같아서다.

사실 곁에서 지켜본 아이들의 표정은 늘 시큰둥하다. 힘이 빠져 있거나, 피곤이 가득하거나, 분노와 억울함, 무기력 같은 것도 조금씩 섞여 있다. 그런 아이들의 표정이 순식간에 살아날 때가 있는데 대부분 주변과 잘 연결되는 순간이다. 옆에 앉은 친구와 공감하고 웃을 때, 자신의 얘기나 발표를 누군가 듣고 고개를 끄덕일 때, 아이디어가 떠올라 제안

할 때, 주어진 미션을 같이 해냈을 때, 간식을 나눠 먹으며 좋아하는 간식을 서로 물어볼 때 아이들은 눈빛이 반짝이고, 호기심이 가득하고, 배시시 미소가 배어나거나 한껏 웃는다.

사람은 연결되고 싶어 하고 연결되어 있을 때 가장 안정감을 느낀다. 반면 가장 공포감을 느끼는 순간은 단절되어 있을 때다. 사람과의 관계에서 선입견과 편견만큼 강력한 단절을 만들어내는 게 또 있을까?

우리 사회는 아동·청소년에 대한 편견이 뿌리 깊지만 이를 바꾸려는 시도는 별로 하지 않는다. 어떤 대상에 대한 편견이 견고할수록 인권 침해도 크게 일어난다. 게다가 더 큰 문제는 그것이 인권 침해라는 걸 모른다는 거다. 우리 사회가 모르고 있는 아동 권리 침해가 무엇인지 1장에, 그리고 영화의 도움을 받아 곳곳에 소개해두었다.

아동·청소년에 대한 편견과 차별은 소외는 물론이고 학대로 이어져 아이들은 생명을 잃는다. 앞서 언급한 아동·청소년의 자살은 프랑스의 사회학자 에밀 뒤르켐이 말한 것처럼 '사회적 타살'에 해당된다. 이 사회는 아이들을 학대로, 정서적 폭력으로 끊임없이 위협을 가하며 자살로까지 내몰고 있는 것이다.

아동 권리 감수성은 양육자, 교육자 등 아이들 주변 사람들만이 지녀야 할 자질이 아니다. 아이들은 이 사회 안에서 살아가고 있고 사회가 곧 아이들의 환경이다. 편견이 강하면 편견이 환경이 되고, 존중이 강하면 존중이 환경이 된다. 사회 안의 모든 사람은 각각이 어떤 시각을 가졌든 간에 아이들의 환경이 된다. 그렇다면 오늘날 아동·청소년이 살아가는 환경은 어떨까?

다정함의 힘을 믿는다

영화에는 사람과 스토리가 있기에 같이 아프고, 같이 울고, 같이 분노하고 같이 기뻐하는 게 저절로 된다. '저절로'라는 말은 영화는 인간 안에 들어있는 연민과 공감, 동일시와 자유의지를 끌어올리는 데 탁월하다는 얘기다. 그래서 아동 권리에 대한 이야기를 영화에 기대어 나눠보고자 한다. 이 책은 그동안 필자가 쓴 영화 인문학 책《영화가 나에게 하는 질문들》,《내 인생의 주인공으로 산다는 것》,《다정한 내가 좋다》처럼 영화 한 편이 우리에게 전하고자 하는 이야기를 나누는 게 아니라 아동 권리 영역과 접점이 될 만한 영화를 선정한 터라, 어떤 부분은 영화의 주요 주제와 꼭 들어맞지 않을 수도 있다. 아동 권리 감수성에서 꼭 나눠야 할 목록을 작성하고 그에 맞는 영화를 찾는 과정을 거쳤다. 그래서 영화 줄거리를 중심에 두기보다는 영화 장면 하나를 빌려오거나, 일부 등장인물에만 주목했다. 그럼에도 영화를 선택한 이유는 영화가 가진 힘과, 영화를 보는 이들의 시각을 믿기 때문이다. 영화 장면을 보면서 같이 울거나 분노하거나 웃거나 감동해본 경험에서 다져진 시선이 우리 주변의 아이들로 옮겨졌을 때, 힘을 발휘할 거라고 믿는다.

나는 아이들을 만나면서 참 많은 것을 얻었다. 새롭게 공부해야 할 주제, 나에게 부족한 생각들을 발견할 수 있게 영감을 받았기에 지금까지 다양한 주제의 책을 쓸 수 있었다. 또한 '이번에는 도저히 안 되는구나.' 하고 소통을 포기하려는 순간에 마음을 열어주는 아이들 덕분에 버티는 힘, 희망은 정말 힘이 세다는 것도 깨달았다. 나라는 사람에게 꽤 많은 선입견과 꽤 많은 괜찮은 시선이 있다는 것도 아이들 덕분에 발견했다. 이번 책을 쓰면서 다정하다는 것이 무엇인지, 감성과 감수성의 차이가 무엇인지 나의 신념과 연결되어 선명하게 정리된 것 또한 아이들에게서 얻은 것이다.

강의에서 '다정하다는 게 뭘까?'라는 주제로 토론할 때마다 뭉클한 감동을 받는다. 우리는 이처럼 다정하다는 게 뭔지 알아보는 눈이 있고, 누군가에게 이미 다정함을 주고 있다.

최근 아동학대 사망사건이나 영아 유기 사건 등이 많이 알려지면서 사람들의 관심도가 높아지고 있고 함께 분노하며 가슴 아파하고 있다. 이렇게 함께 아파하는 사람들이 많아지는 지금이 사회의 아동 권리 감수성을 높일 좋은 기회라는 생각이 들었다. 함께 아파하고 분노하는 것이 연대이고 그런 분위기가 무르익고 있기에….

같이 행복하자고 쓴 책이다

이 책은 아동·청소년 주변의 어른들과 나누고 싶은 얘기들을 주로 담고 있다. 아이들 주변 어른이라 하면 양육자, 교육자라고 먼저 생각할 수 있겠지만 이 시대의 모든 어른들이 아이들 주변 어른이다. 한 아이가 문제행동을 한다면 그것은 양육자만의 책임일까? 우리 사회 전체가 아이들에게 가하고 있는 압력은 분명 존재하고 우리 역시 사회의 구성원이기에 같이 책임이 있다는 사실을 나누고 싶다.

아동 권리 감수성 교육은 두 길로 가야 한다고들 말한다. 아동 스스로가 자신의 권리가 무엇인지 정확하게 알 수 있게 교육하는 것, 그리고 아동을 둘러싼 어른들이 아동을 바라보는 시각을 재정비하고 행동으로 드러날 수 있게 교육하는 것. 이 책에 언급한 영화들이 아이들과 만나고, 어른들과 만나기를 기대하는 마음으로 썼다.

보호받아야 하는 위치에 있다고 낮은 위치에 있는 게 아니다. 또한 권리는 성숙하냐 미성숙하냐에 따라 주어지는 것도 아니며, 의무를 이행하는 대가로 받는 교환물 같은 것도 아니다. 유독 아동 인권에서 착각하고 있는 이야기를 중심으로 생각을 나누고자 한다. 그래서 같은 시민으로서 연결되고 동행하고 다정하게 연대하는 시선이 많아지는 것, 시선이 곧 아동의 행복과 사회의 행복으로 이어지는 것, 그것이 이 책의 이유다. 결국, 같이 행복하자고 쓴 책이다.

책을 읽는 데 있어 한 가지 일러둘 말이 있다. 아동·청소년 용어와 관련해 고민이 된 점이 있었다. 유엔아동권리협약과 우리나라 아동복지법의 아동 나이는 만 18세 미만이고, 우리나라 청소년기본법의 청소년 나이는 만 9세부터 만 24세까지다. 그렇지만 우리 사회에서는 아동은 유치원과 초등학교를 다니는 나이대의 아이들, 청소년은 중학교와 고등학교를 다니는 나이대의 아이들로 인식하고 있다. 이외에도 유아, 어린이, 소년소녀, 연소자, 연소 근로자, 미성년자 등 아이들을 일컫는 다양한 용어가 있다. 그래서 법령나이인 아동이나 청소년 용어를 사용할 경우 직관적으로 떠오르는 대상이 서로 다를 수 있어 전체를 품을 수 있는 '아동·청소년'이라는 용어를 사용하게 되었다. 나이대로 규정하면 태어나면서부터 만 24세까지라고 할 수 있는데 20세 미만까지로 봐도 무방하다.

이전의 영화 인문학 책을 쓸 때보다 유독 감상적인 순간들이 많았다. 아이들을 생각하며 감상에 젖고, 영화에 심취하여 감상에 젖고, 나의 어린시절이 떠올라 감상에 젖었다. 특히 나로서는 어린시절에 경험했던 소외의 경험들이 치유되는 시간이기도 했으며, 순간마다 고마운 어른들이 있었음에 감사했다.

책을 쓰기 위해 공부하면서 아동·청소년의 권리에 대해 깊은 연구와 통찰을 세상에 내놓은 분들이 이렇게 많다는 사실을 확인하며 많은 힘을 얻었다. 우리 사회가 아동 권리에 너무 관심이 없어 보여 덩그러니 외로움과 회의감을 느낄 때도 있었는데 병렬과 직렬로 수많은 이들이 같은 소리를 먼저, 그리고 같이 내고 있음을 확인할 수 있었다.

'요즘 애들'이 아니라 '요즘 세상'은 아이들을 위해 무엇을 하고 있는지 함께 질문할 수 있게 이 책을 지지해준 착한책가게 출판사에게 이전부터 그리고 앞으로도 고맙다는 말을 전하고 싶다.

원은정

1장

지금 아이들은
'어떻게'
존재하고 있는가?

아동 권리 '감수성'이 뭘까?

"어떻게 하면 아이를 좋은 방향으로 변화시킬 수 있을까요?"

이런 질문을 자주 받는다. 아이의 양육자, 교육자로서 아이를 잘 안내하고 싶은데 (획기적인) 방법이 있는지를 묻는 것이겠고, 그런 방법이 있다면 얼마나 좋을까 하는 바람이기도 할 것이다.

보통은 집중을 잘 안 하는 아이, 해 와야 할 과제를 계속해서 하지 않는 아이, 정리정돈을 잘 안 하는 아이, 부정적인 말을 많이 하는 아이 등 기본 질서를 잘 지키지 않는 아이들에 대한 질문이 대부분이다.

이 질문에 대한 1차 답변으로 나는 '방법을 바꾸는 방법'을 제안한다. 방법을 바꾸는 방법이란, 지금까지 해온 방법이 아니라 새로운 방법을 시도하는 것으로, 지금까지 해온 방법으로 변화가 생기지 않았다면 이제 다른 방법을 적용해보자고 하는 것이다.

예를 들어, 산만한 아이가 있다고 가정해보자. 그 아이에게 자칫

"너 왜 이렇게 산만하니?"

라고 말하기 쉽다. 그런데 아이가 이 말을 태어나서 오늘 처음 들었을까? 아마도 아닐 것이다. 아이는 이 말을 학교에서도 듣고, 집에서도 듣고, 학원이나 기타 여러 장소에서 들었을 가능성이 높다. 그래서 산만해 보이는 아이에게 '너 산만하다'라는 말은 아무 힘을 발휘하지 못한다. 즉, 말에 매력이 없다. 매력이 없는 말은 자극을 주거나 동요를 일으키기 어렵다.

더 들여다보면, 이 말을 하는 입장 역시 '어떤 말을 해야 아이를 집중하게 하는 데 도움이 될까?'를 고민했다기보다는 산만해 보이는 모습에 화가 나거나 답답한 마음에 감정을 실어 표출했을 가능성이 다분하다. 그래서 이 말은 '부정적 판단+불편한 감정' 구조로 아이에게 전달된다. 이런 말은 아이의 행동에 자극을 주기보다는 감정에 자극을 주고, 부정적 판단과 불편한 감정을 전달받은 아이는 그저 기분만 나빠질 뿐이다.

그러면 어떻게 해야 할까? 아이가 지금까지 들어왔을 법한 말이 아니라 새로운 말을 해야 아이에게 자극을 줄 수 있다. 이를테면 이런 말이다.

"너를 지켜봤더니, 너는 '순간 집중력'이 뛰어나더라고. 그 시간을 조금씩 늘리면 네가 하고 싶은 만큼 집중력이 늘어날 거야."

아이는 지금까지 들어왔던 말이 아닌 새로운 말에 1차 반응을 할 것

이고, 늘 산만하다는 말을 들어왔는데 자신에게 다른 면이 있다는 것에 희망을 갖게 될 것이다.(산만하고 싶어서 산만한 아이는 없다.)

이렇게 말하기 위해서는 아이를 '다르게 관찰'해야 한다. 그래서 산만한 모습이 아니라 순간 집중하는 모습을 '발견'해야 한다. 이러한 모습을 발견하려면, 아이를 바라보는 시선에 아이의 다양한 모습을 발견하겠다는 의지 내지는 희망이 담겨있어야 한다. 눈에 거슬리고 부정적으로 해석되는 모습만이 아니라 좋은 모습을 발견하겠다는 의지 혹은 나쁘게 해석하지 않겠다는 의지 말이다.

모든 아이에게는 집중력이 높아지고 싶은 욕구가 있고 집중하고 싶은 마음이 있다. 그런데 아직 자기 자신의 집중력에 대한 다양한 경험이 부족하다.(우리는 누구나 자신에 대한 경험이 부족한 채로 자신에 대한 이미지를 결정해버린다.) 아이들은 자신에게 다른 모습이 있다는 것을 누군가의 시선을 통해서 발견하고 서서히 자신에 대한 생각을 바꿔가는 과정에서 변해간다.

감수성은 바로 이런 차원의 용어다. 한 사람의 모습을 현상으로 판단해버리는 게 아니라 앞뒤 맥락을 살펴보는 시선이라 할 수 있다.

감수성이라는 단어는 가만히 생각해보면 참 흥미롭다. 왜 유독 인권 영역에서 감수성이라는 단어가 자주 쓰이는 걸까? 우리는 일상에서 감수성이라는 단어를 감성이라는 단어와 비슷한 의미로 사용한다. "감성과 감수성의 차이를 설명해보시오."라고 한다면, 어떻게 설명하겠는가? 그리고 왜 인권 감성, 아동 권리 감성이라고 하지 않고 인권 '감수성', 아동 권리 '감수성'이라고 하는 걸까?

감성과 감수성의 차이를 《모멸감》의 저자 김찬호 교수는 이렇게 이야기했다.

"감성은 내 마음과 나와의 관계이고, 감수성은 타인의 마음과 나와의 관계이다."

설명을 덧붙이자면, 감성은 자신의 마음, 기분, 욕구를 알아차리는 영역이라 할 수 있다. '지금 내 마음이 어떻지?' 하며 자신의 마음 영역을 살피는 것이다. 감수성은 타인이 경험하고 있는 상황, 사건, 환경을 보며 '저 사람의 마음이 어떨까?'를 짐작해볼 수 있는 마음가짐이다.

예를 들어 한 사람이 많은 사람 앞에서 꽈당 넘어지는 사건이 벌어졌다고 가정해보자. 넘어진 사람의 마음을 짐작해보자면 '아프겠다'와 '창피하겠다' 두 가지일 것이다. 그런데 '아프겠다'는 알아챘지만 '창피하겠다'를 알아채지 못한다면 어떤 일이 일어날까? 넘어진 사람을 향해 큰 소리로 "어머, 엄청 아프시죠? 진짜 세게 넘어지셨어요." 하면서 옆 사람에게 "보셨죠? 방금 발 이렇게 넘어지는 거."라며 넘어지는 상황을 흉내 낸다면 넘어진 사람은 심정이 어떨까? 아마 더 창피해져서 괜찮다며, 아무렇지도 않다는 것을 보이려고 벌떡 일어날 것이다. 다쳐서 피가 나고 당황스러울 수도 있는데 창피함 때문에 미처 몸과 마음을 돌아볼 생각조차 하지 못하면서 말이다.

이렇게 감수성이 부족하면 '2차 가해'가 일어난다. 그 사람의 아픔과 감정에 집중하지 못하게 하는 것, 치유하고 회복할 시간을 빼앗는 것을

2차 가해라고 한다. 그래서 인권에는 '감수성'이라는 단어가 매우 중요하다.

이쯤에서 질문이 생길 수 있다. 그럼 감수성과 공감은 어떤 차이가 있지? 비슷한 거 아닌가? 둘은 비슷하지만 감수성이 더 큰 의미를 지닌다. 공감의 사전적 의미는 "다른 사람의 감정, 의견, 주장 따위에 대하여 자기도 그렇다고 느끼는 것"이다. 즉, 지금 일어나고 있는 타인의 감정에 함께하는 것이 공감이라면, 감수성은 지금 일어나고 있는 감정을 넘어서 상황과 맥락까지를 포함한다.

예를 들어, 욕설을 많이 하는 아이가 있다고 가정해보자. 이 아이는 화를 잘 내고 화날 때 말을 하면 욕설이 많이 섞여 나온다. 이 아이에게 공감하는 것은,

"지금 화가 많이 났구나. 이 상황이 너를 화나게 하는가 보다. 어떤 게 화가 나는지 더 알려주면 같이 해결해볼 수 있을 것 같은데, 나에게 말해줄 수 있을까?"

와 같은 식으로 감정에 다가가기 위해 노력하는 것이다. 공감은 감정을 같이 느끼는 것만을 의미하지 않고 감정을 이해하고 최대한 가까이 가려고 하는 걸 말한다.

이에 반해 감수성은, 한 아이가 욕설을 많이 하고 자주 분노를 느끼며 화를 내는 것에 대해, 아이가 그동안 경험해왔을 혹은 지금 경험하고 있는 환경은 어떠한지, 또 아이가 속한 문화는 어떠한지, 분노(자신을 향한, 다른 사람을 향한 것 등)를 느낄 만한 상황에 자주 노출되고 있는 것은

아닌지를 전반적으로 생각해보는 것까지 포함한다.

　그래서 감수성 차원으로 접근하면 대화 방식이 달라진다. 아이에게 집중하면서 동시에 아이의 환경을 알려고 노력하고, 한발 더 나아가 다른 환경을 제공하는 것에 관심을 갖게 된다. 그래서 상담을 통해 아이와 일상생활에 대해 이야기 나눠보거나, 주변 사람들과의 관계는 어떤지, 주변에 욕을 많이 하는 사람이 있는지, 화가 어떨 때 많이 나는지 등을 살피려 하게 된다. 또한 아이에게 욕설과 분노가 문제 해결에 도움이 되지 않을 뿐 아니라 오히려 가까운 사람들과의 관계를 끊어지게 할 수 있다는 걸 알려주고, 여러 활동을 통해서 화를 다르게 표현할 수 있게 알려주는 것까지가 감수성 영역이라 할 수 있다.

　감수성은 공감을 기본으로 하되, 원인과 구조에 대해 생각해보고 대처를 위한 시도까지 하는 것이다. 이 감수성이 아동 권리 영역으로 들어오면 현 시대의 아이들이 보여주고 있는 모습과 현상, 전반적인 실태에 공감하면서 동시에 이런 모습이 나타나는 앞뒤의 맥락, 즉 사회 구조를 볼 수 있게 힘을 발휘한다. '아동으로 산다는 건 어떤 걸까?'를 확장하여 '우리나라 사회에서 아동으로 산다는 건 어떤 걸까?'에 관심을 갖는 것이다.

　이렇게 사회 안에서 아동으로 살아가며 겪는 일, 감정, 아픔, 받고 있는 영향 등 여러 측면을 보고 나면 아이들이 저마다 놓여있는 상황이 눈에 들어올 것이다. 한 아이가 매일 일상을 보내며 살아가고 있는 환경과 주변 사람들과의 관계, 사회와 개인이 가하는 압박에 대해 관심을 갖고 살피면 그저 나이가 어린 사람이라는 표면적 인식을 넘어 '한 사람'이 눈에 들어오게 되는데, 여기까지가 감수성의 영역이며 이것이 아동 권리 감수성이라 할 수 있겠다.

요린이?
의도가 없어도
비하가 될 수 있습니다

"비하인 줄 몰랐어요."

아동 권리 감수성 교육에서 'O린이'라는 단어가 어린이 비하 단어라고 설명하면 비하인 줄 몰랐다는 반응이 많다. 'O린이'라는 말은 예능 프로그램과 각종 SNS에는 물론이고 인터넷 기사나 심지어 책 제목에도 사용되고 있다.

"저 골프 이제 막 입문했어요. 골린이"

"주식을 잘 몰라요. 주린이"

"요리를 잘 못 해요. 요린이"

심지어는 영어를 잘 못 하는 사람을 영린이라고 부르는 등 'O린이'라는 단어가 처음, 초보, 잘 모름, 미숙함의 의미로 지속적으로 사용되고 있다. 그러다 보니 일상에서도 자신의 최근 근황이나 막 시작한 취미, 소소한 관심사를 설명할 때 이 단어가 손쉽게 활용된다.

이렇게까지 일상생활에서는 물론이고 영역을 가리지 않고 곳곳에서 사용되는 이유가 뭘까? 첫째는 말 그대로 '모르기 때문'이다. 대개는 어린이를 비하할 의도나 나쁜 의도로 작정하고 사용하는 게 아니라, 자신의 상태를 한 단어로 짧게 설명하기 위해 흔히 쓴다. 또 TV 예능프로그램이나 여러 미디어에서도 사용하기 때문에 단순 유행어라고 생각하고 별다른 문제의식을 느끼지 못한다. 하지만 이 단어가 비하라는 걸 알고 나면, 그 다음부터는 대부분 사용하기 어려워하고 사용하고도 '아차' 하는 반응을 보이는 경우가 많다.

왜 비하라는 것을 모르는 걸까? 그건 우리 사회가 어린이를 '미숙하고 뭘 모르는 존재'라고 오래도록 인식해왔기 때문이다. 어린이는 아직 어리숙하고 서툴고 세상에 대해서 잘 모르고 귀엽기만 하다는 인식이 사회 전체에 뿌리 깊게 박혀 있다.

○린이라는 단어가 비하 단어인 이유는 '잘 모르는', '초보인' 상태를 굳이 어린이에 빗대어 사용하기 때문이다. 그래서 어린이는 잘 모르고 미숙하다는 통념을 더욱 고착시키는 데 일조한다.

부정적인 의미가 담긴 무언가를 어떤 사람이나 집단에 빗대어 표현하는 것 자체가 고정관념에서 비롯된 잘못된 언어 사용이라 할 수 있다. 한때 많이 사용하다가 지금은 거의 사용하지 않는 '애자'라는 단어도 그 예다. '애자'는 장애인을 뜻하는 과거 용어 '장애자'에 빗대어 비하 의미로 사용한 단어로, 사회 안에서 근절 캠페인을 벌이는 등 문제의식이 확산되면서 지금은 이전처럼 빈번하게 사용되지 않는다.

국가인권위원회에서도 '○린이'라는 용어를 공문서와 방송, 인터넷 등에서 무분별하게 사용하지 말 것을 권고했다.

인권위는 "'~린이' 표현은 아동이 권리의 주체이자 특별한 보호와 존중을 받아야 하는 독립적 인격체가 아니라 미숙하고 불완전한 존재라는 인식에 기반한 것으로 아동에 대한 부정적인 고정관념을 조장할 수 있다"고 지적했다.

이어 "이런 표현이 무분별하게 확대·재생산되면서 아동에 대한 왜곡된 인식과 평가가 사회 저변에 뿌리내릴 수 있고, 이로 인해 아동들이 자신을 무시하고 비하하는 유해한 환경 속에서 성장할 우려가 있다"고 덧붙였다.[1]

유엔아동권리협약을 기반으로 많은 나라가 아동 권리 감수성을 높이기 위해 인식 변화를 꾀하고 정책 등을 바꿔 나가고 있는데, 우리나라는 이미 오래 전부터 어린이 인권에 관심을 가져온 역사가 있다. 독립운동가이자 사회 운동가였던 소파 방정환의 어린이 운동은 어린이, 즉 아동을 하나의 인격체로 존중하자는 인식을 확산시켰다. 그런데 이러한 아동 인권 역사의 산물인 어린이라는 말이 최근에 와서 오히려 아동을 미숙한 존재로 인식을 고착하는 용어로 유행하고 있는 것이다.

만약 대한민국 어린이들이 모두 나서서 '우리를 빗대어 표현하는 단어를 사용하지 말라'고 시위를 한다면, 금세 없어질 수도 있겠지만 아동의 목소리가 모일 수 있는 채널에 한계가 있고, 이 사회는 아동에게 그런 힘과 기회를 주지 않기에 문제의식 없이 사용되고 있는 실정이다.

그렇다면 다음의 논문 내용에 주목해보자.

'-린이'란 부족함으로 의미되고 정보 공유를 받아야 하는 존재로 여겨짐에 따라, 어린이들은 불쾌감을 표하고 있다. 한양초등학교 신문에서 확인하였듯이, 현재 초등학교에 다니고 있는 6학년 학생은 '-린이'는 초보자를 뜻하는 용어로, 어린이를 향한 차별적인 표현임을 강조하였다.[2]

실제 아동과 가까이에 있는 어른들은 어린이들이 이런 단어 사용을 별로 환영하지 않는다는 걸 종종 발견한다. 한 아동복지교사는 아동 권리 감수성 교육 토론에서 "아이들도 '○린이', '잼민이'라는 말을 싫어해요."라고 이야기한다.

"그런데 단어가 귀여우니 괜찮은 거 아닌가요?"

이 단어가 비하 단어라는 걸 못 느끼는 이유는 이렇듯 단어 자체가 어린이를 비하할 목적이라기보다는 잘 몰라서, 자기 자신이 어느 분야에 정보와 교육이 필요한 존재임을 표현하고자 쓰는 말이기 때문이다. 한 논문에서도 어른들은 이 단어를 접했을 때 부정적 감정보다는 긍정적 감정 반응이 더 컸다고 조사되었다.

국가인권위원회의 권고 사항에 대해 문화관광체육부는 "어떤 일에 아직 미숙한 사람을 비하하는 의미보다는 정감 있게 표현하는 것으로, 차별적 표현으로 보기에는 무리가 있다는 생각도 병존한다."고 인권위에 의견을 밝혔으며, 국립국어원도 "차별적 표현의 정의와 범위가 아직 명확히 정립되지 않은 상황에서 '~린이'가 차별적 표현에 해당하는지는 사회적 합의를 통해 정해져야 할 사안"이라고 했다.[3]

용어 자체가 어린이를 비하할 목적이 아니라 하더라도, '어린이는 잘 모르고 미숙하다'라는 뿌리 깊은 고정관념을 고착시키는 것이라면 단어 사용을 지양하는 것이 인권 문화의 길이 아닐까? 초보라는, 입문자라는, 아직 잘 모른다는, 이제 시작했다는 말이 분명 있는데 굳이 대상에 빗댄 용어를 사용하는 것은 인권 감수성에 어긋난다는 걸 기억하길 바란다.

아이들에게 붙여지는
'멸칭' 들여다보기

'멸칭'이 무슨 뜻일까? 그 뜻은 정확히 모르더라도 누구나 한번쯤은 혹은 자주 멸칭을 접해봤을 것이다. 호칭, 애칭, 존칭, 별칭, 멸칭… 어떤 뜻인지 느낌이 오는가? 누군가를 이름을 포함하여 부르는 말이 호칭이다. 서로 알아갈 때 혹은 관계가 돈독해질 때 우리는 호칭 정리를 한다. 이름을 부를 수도 있고, 가족 관계 안에서는 불러야 할 호칭이 정해져 있는 경우도 있으며, 둘만의 사이에서 서로 협의하여 애칭을 정해 부르기도 한다. 존칭은 누군가를 존경하는 의미를 담아 높여서 부르는 호칭이다. 보통은 님, 분 등을 붙여서 부르는 경우가 많다. 별칭은 이름 이외에 다르게 만들어서 부르는 말로 별명과 비슷하다. 자신이 불리고 싶은 이름을 직접 지어서 부르게 하는 경우가 별칭에 해당한다.

그렇다면 멸칭은? 여기에서 멸은 '경멸, 멸시, 모멸' 등의 의미와 연결된다. 즉 누군가를 부를 때 경멸하듯이 혹은 낮추어 혐오 섞인 용어로 부를 때 이를 멸칭이라고 한다. 멸칭은 그 자체로 차별과 혐오의 뜻이 담겨있기도 하고, 부르는 말 자체는 멸칭이 아니지만 사회 안에서 통용되는 의미가 멸칭인 경우도 있다.

그럼 우리 사회 안에서 아동과 관련해 일상에서 흔히 접하는 멸칭과 온라인상에서 사용하는 멸칭을 한번 알아보자. 멸칭을 소개하는 이유는, 우리가 의도를 가지고 혹은 별 의도 없이 사용하는 용어가 아이들을 향한 차별과 경멸의 말이라는 사실을 앎으로써 되도록 사용하지 않기를 바라는 마음에서다.

필자의 2019년 석사 논문 "청소년에 대한 사회적 편견 연구-'중2병' 개념을 중심으로"에 서술했던 멸칭을 먼저 소개하고자 한다.

• 중2병:중학교 2학년 나이 또래의 청소년들이 사춘기 자아 형성 과정에서 겪는 혼란이나 불만과 같은 심리적 상태, 또는 그로 말미암은 반항과 일탈 행위를 일컫는다. '남과 다르다' 또는 '남보다 우월하다' 등의 착각에 빠져 허세를 부리는 사람을 비꼬는 말로도 쓰인다.

• 급식충:급식을 먹는 초, 중, 고교생을 비하하는 말로, 아직 우리 사회는 청소년=학생이라는 인식이 있는 가운데 학생들의 일상생활 중 급식이라는 단어와 벌레라는 뜻을 가지고 있는 '충'이라는 말의

결합으로 비하의 뜻이 담겨있다. 이 단어가 내포하고 있는 사회적 의미를 더 들여다보면, 급식은 학생들만 먹는 것이 아니라 공무원, 군인, 직장인, 연수원 등에서 먹는 식사의 한 형태이다. 그런데도 급식충이라는 단어가 왜 학생들만을 겨냥한 말이 되었을까? 이는 청소년 집단이 세금을 내지 않고 무임승차하는 집단이라는 의식이 실려 있는 것으로 볼 수 있다.

• **초글링** : 초등학생과 게임 '스타크래프트'의 용어 중 하나인 저글링의 합성어로 PC방에 몰려오는 초등학생들을 가리키는 말이다. 한때 유튜버들 사이에서 PC방에서 초등학생들이 게임을 하고 있는 컴퓨터 전원을 끄고 도망가는 장난을 촬영해 올리는 것이 유행이기도 했다. 조롱의 의미가 내포되어 있다. 또한 많은 신조어가 확산되는 채널 중 하나인 게임 채팅의 문화도 내포되어 있는 것으로 보인다. 협력과 경쟁 구도를 형성하며 상대방과 재빠르고 긴급하게 대화를 주고받아야 하는 온라인 게임의 진행 과정에서 초등학생들을 비하하는 단어와 게임 용어의 합성어가 탄생된 것으로 볼 수 있다.

• **등골 브레이커** : 부모의 등골을 부수는 혹은 빼먹는 존재라는 뜻으로 비싼 노스페이스 점퍼가 청소년 사이에 유행하면서 생겨난 말이다. 노스페이스 점퍼 유행 당시 점퍼 하나의 가격이 적게는 25만원부터 70만 원까지 이르러 금액으로 노스페이스 계급도가 탄생되

기도 하였다. 청소년들의 패딩점퍼, 신발과 스마트폰 등에서도 나타나는 현상이며, 이는 청소년들의 일방적인 요청에 의해 부모들이 어쩔 수 없이 사주는 것이 아니라 부모 역시 다른 아이들과의 관계에서 우리 아이가 차별당하지 않을까 하는 우려 혹은 더욱 특별하게 지원해주고 싶다는 욕망이 들어있다고 볼 수 있다. 그러나 이 단어는 청소년들만의 잘못인 것처럼 겨냥하면서 부모와 자녀의 정서적 관계를 배제한 채 청소년들은 부모에게 부담을 주는 존재라는 뜻만 내포하고 있다.

• **룸나무** : 룸살롱이라는 단어와 꿈나무라는 단어의 합성으로 탄생한 말로, 여자 청소년이 교복 치마를 짧게 입거나 화장을 했을 때 칭하는 말이다. 이는 여자 청소년을 성적 대상으로 보고 있는 동시에 화장을 짙게 하고 치마를 짧게 입는 것은 일반적인 여성이 아닌 룸살롱에서 일하는 여성이라는 관념도 동시에 내포하고 있다. 특히 이 단어는 여자 청소년에게만 해당되는 단어로, 대비되는 남자 청소년이 과하게 멋을 내거나 교복 바지를 몸에 달라붙는 스키니로 줄여 입은 모습을 가리키는 단어는 존재하지 않는다. 이 단어는 이 사회가 청소년 그리고 여성을 어떻게 바라보고 있는가에 대한 단적인 예이며 동시에 여자 청소년을 성적 대상으로 바라보고 있다는 증거라고 할 수 있다.

이외에도 **코노충**(코인노래방충), **교복충**, **스쉐충**('스타일쉐어' 앱을 사용하는 십대. 이 앱은 2022년 12월에 종료되었다) 등 시기 별로 다양한 멸칭이 생겨났다.

최근에는 앞에서 이야기한 'O린이'와 함께 '잼민이'라는 멸칭도 많이 사용되는데, 인터넷상에서 초등학생을 가리키는 말로 민폐를 주고 개념이 없다는 비하 의미가 담겨 있다. '잼민이'는 재미+재민(투네이션 TTS 음성 지원 남자 어린이 목소리 이름)이 합성된 신조어로, 인터넷에서 사용하는 용어가 일상에서도 이어지면서 분노조절이 안되거나 무분별하고 과도한 행동을 하는 사람(어른도 포함)을 표현할 때 사용된다. 이 역시 남자 어린이(음성지원)의 이름을 빗대어 사용하는 것이기에 멸칭에 해당한다.

여기에 그치지 않고 본래의 의미와 전혀 다르게 멸칭으로 사용되고 있는 단어가 있다. 바로 '금쪽이'인데, 금쪽은 아주 귀하고 소중한 것을 비유하는 말로 특히 부모가 자녀를 '금쪽 같다'라고 표현한다. 그런데 '금쪽 같은 내 새끼'라는 육아 코칭 TV 프로그램에서 출연하는 아이들을 보호하고자 실명을 사용하지 않고 모두 '금쪽이'로 호칭하게 되면서, 이 단어가 현재는 문제가 심각하고 말이 통하지 않을 정도로 제멋대로 행동하는 사람을 가리킬 때 사용되고 있다. '문제아'라는 용어가 '금쪽이'로 대체된 거라 볼 수 있다. 일상에서 누군가의 행동을 보고 "금쪽이냐?"라는 식으로 말을 하고, 이 말을 듣고 기분 나빠하거나 유머로 넘기는 등의 모습을 심심찮게 본다. 아이들도 서로를 향해 이 단어를 자주 사용한다. 한 교실에 가서 강의를 하는데 누군가 "쟤가 우리 반 금쪽이에요."라고 하자 반 아이 전체가 웃는 경우도 있었다. 또한 어떤 교사는 자신에게 "요즘 금쪽이들 많은데 선생님으로서 힘들지 않아요?"라는 질문을 받은 경험을 이야기하며 아이들을 이렇게 부르는 것이 안타깝다고 토로하였다.

지금까지 나열한 것만으로도 우리 사회에서 아동·청소년을 향해 얼마나 많은 멸칭이 사용되는지 확인할 수 있다. 용어는 사람들의 인식이 깃든 기호이며, 사회적 합의로 만들어진다. 아이들을 일컫는 용어에 우리 사회의 인식이 고스란히 드러나고 있다. 멸칭들 안에 들어있는 의미를 제대로 알 것, 멸칭을 사용하는 데 충분히 망설이고 지양할 것, 그리고 아이들을 향한 부정적 관념에 동참하기보다는 반대쪽으로 향할 것을 제안하고 싶다.

'슈퍼맨이 돌아왔다'와
공놀이 금지

아동이 출연하는 예능 프로그램들의 인기가 계속 이어지고 있다. TV 프로그램뿐만 아니라 개인이 올린 아이들 영상 역시 조회수가 높다.

특히 〈아빠! 어디가?〉부터 〈슈퍼맨이 돌아왔다〉로 이어지는 TV프로그램들은 연예인의 어린 자녀가 등장하는 리얼리티 콘셉트의 관찰 예능이라고 할 수 있다. 이 프로그램들은 연예대상 시상식에서 대상을 수상하는 등 그야말로 큰 인기를 끌었는데, 등장하는 아이들의 엉뚱하고 순수한 모습이 귀엽고 사랑스럽다는 게 인기 요인으로 꼽는다. 그래서 함께 유행한 용어가 '랜선 이모 삼촌, 랜선 조카'다. 실제 이모, 삼촌과 조카 사이는 아니지만 방송이나 인터넷(LAN) 따위를 통해 남의 아이를 자신의 조카처럼 관심 있게 지켜보는 관계를 일컫는 용어다.

이 프로그램들의 취지는 엄마에게 치우쳐 있는 육아 현실을 반영해,

엄마를 육아에서 벗어나 쉬게 하고 아빠가 육아를 하면서 아이와 더 가까워지고 적극적인 양육자로서 동참하도록 독려하는 차원이었다. 그런데 점점 출연하는 아이들이 주목을 받고 인기가 높아지면서 인위적인 상황을 설정하고 아이들의 반응을 보거나 유독 아이들 먹방에 치중되기도 하였다. 그에 따라 출연하는 아동의 정서에 미치는 영향이나 아동 권리에 대해서 여러 문제제기가 나오게 되었다. 특히 아이 앞에서 아빠가 복싱 도중 쓰러져 기절한 척 연기를 해서 아이를 울게 만든다거나, 아빠의 허리뼈로 만든 음식이라고 속여서 아이가 놀라 울음을 터트리게 하는 등의 과도한 설정으로 방송통신심의위원회에서 행정지도 권고를 받기도 하였다.[4]

육아 관찰 예능 프로그램에서 여러 아동 출연자가 사랑을 받았고, 방송이 종료된 이후에도 여러 장면이 짧게 편집, 게시되어 유튜브와 SNS 등에서 높은 조회수를 보이고 있다. 아이들이 등장하는 영상이 계속해서 인기를 끄는 것을 보면 이 사회가 아이들을 참으로 귀여워하고 좋아하는 것만은 틀림이 없다.

이렇게 아이들을 귀여워하고 사랑스럽게 보는 것을 보면 아동 권리에 대한 관심도 함께 높아질 법도 한데 현실은 그렇지 않다. 아동 인권 침해에 대해 다룰 때 항상 등장하는 '노키즈 존' 이슈는 사회 안에서 도무지 해결될 기미가 보이지 않는다. 개인이 운영하는 가게의 운영 방식과 규칙을 정하는 건 업주의 자유 영역이라고 보는 경우가 많다. 실제

설문조사를 봐도 전반적으로 국민의 70% 정도가 노키즈 존을 찬성하고 있다.[5]

2019년 대한민국의 아동권리협약 이행 상황을 점검하는 자리에서 유엔아동권리위원회가 "한국은 아동을 혐오하는 국가라는 인상을 받았다"고 지적하며 "노키즈 존이 특정 집단을 배제하는 차별의 장이 될 수 있다. 관용이 사라진 사회 분위기는 성장기 어린이에게 중대한 영향을 미친다"고 우려를 표했다.[6]

'아동을 혐오하는 국가'라는 말에 대해 어떻게 생각하는가? 앞에서 말한 것처럼 아동이 출연하는 예능이 이렇게 인기를 많이 끌고, 아이들의 모습을 이렇게나 귀여워하는데 아동 혐오라니, "그건 오해야. 우리 사회가 아이들을 얼마나 사랑하는데."라고 말할 수 있을까? 그렇다면 이건 어떻게 생각하는가? 바로, 어린이 놀이터에 붙은 '공놀이 금지' 안내문.

아파트 내 놀이터에 붙은 '공놀이 금지' 안내문과 어린이 공원 안에 걸린 "어린이 공원 내 축구, 야구 등 공놀이 자제해주세요", "이웃 주민들이 공 튀기는 소음에 힘들어해요"라는 현수막이 그 예다. 아이들을 위해서 만들어 놓은 공간에서 아이들의 놀이를 금지한다는 문구가 손쉽게 게시될 수 있는 게 우리 사회의 현실이다.[7]

게다가 이런 안내문이 붙으면 놀이터에서 공놀이를 하지 못하게 된 아이들에게 감정이입을 하는 게 아니라, 그럴 법하다고 생각하고 아이들에게 놀이터에서 공놀이를 멈추라고 하는 경우가 더 많다. 결국 아이들은 자신들의 공간인 놀이터에서 공놀이를 할 수 없어서 주차장 등 오히려 안전사고에 취약한 곳으로 밀려나거나 키즈 카페 등 유료 시설로 떠밀리게 된다. 그러면 키즈 카페를 갈 수 있는 아이와 갈 수 없는 아이로 나뉘게 되는데, 이는 교육 격차와 더불어 놀이 격차로 이어진다.

그렇다면 아동 출연 예능과 아이들을 귀여워하는 시선과 노키즈 존, 공놀이 금지의 간극은 어떻게 설명할 수 있을까? 이는 아동을 나와 같은 한 인간으로서 인정하는 인식이 부족한 데서 벌어지는 일이다. 아이들의 귀여운 모습을 나의 눈을 즐겁게 하는 전시 형태로 소비하는 건 좋지만, 그 아이들이 나의 편리를 방해하면 그것이 아동 권리와 결부된 것이라 할지라도 금세 시선 밖으로 밀어내는 것이다. 이는, 아이들은 내 눈을 즐겁게 하는 귀여움, 천진난만함, 순진무구함을 제공하는 존재들이지 나와 이 사회 공간을 공유하는 시민으로서 존재하는 것은 아니라는 인식에서 비롯된다.

이토록 아이들을 귀여워하는 사회라면 노키즈 존과 공놀이 금지 이슈가 생기는 경우, 아이들을 귀여워하는 숫자만큼이나 반대 의견이 빗발치고 말도 안 된다며 따져 묻는 일이 일어날 것 같은데, 그렇지 않은 현실이 참 씁쓸하다.

아동 권리 교육을 할 때 노키즈 존 사례를 언급하면 진부한 이야기이며 익히 들어본 이야기라는 반응을 보인다. 하지만 익히 들어본 이 이야기는 진부한 상태에 머물지 않고 '그럴 법하다'는 생각을 입고 확장하기 시작한다. 노키즈존이 자영업자의 영업방침으로 인식되면서 노시니어 존, 노중학생 존, 노장애인 존, 노아줌마 존으로 이어지고 있다. 차별을 문제 삼지 않는 태도가 차별을 더 견고하게 만들고 더 많은 차별로 이어지는 것이다.

식당에서 어른들이 떠들고 국이 엎어지는 사고가 났다고 해서 노어덜트 존이 생기지는 않는다. 노키즈 존이 이토록 손쉽게 자리를 잡고 시끄럽다는 이유로 아이들의 놀 권리가 손쉽게 침해받는 현실을 보면, 우리 사회는 결코 아이들을 진정으로 사랑스럽고 귀엽게 보는 게 아닐지도 모르겠다. 내가 우리 사회의 아이들을 아끼는 쪽보다는 혐오하는 쪽에 더 가까이 서 있는 건 아닌지 잠시 들여다보면 좋겠다.

아이들이 싫어하는 질문
"꿈이 뭐니?"와
아동기본법

아이들이 싫어하는 질문에 대해 들어보거나 생각해본 적이 있는가? 아니라면 아이들이 싫어할 것 같은 질문이 무엇일지 잠시 짐작을 해봐도 좋겠다. 감수성을 조금만 발휘하면 생각보다 쉽게 답을 찾을 수 있다. 몇 해 전에 종종 강연과 캠프에서 만나는 아이들에게 설문조사를 한 적이 있다. 내 짐작이 맞는지 검증하고 싶었고, 검증을 근거로 어른들에게 아이들의 마음을 잘 전달하고 싶었기 때문이다.

가장 듣기 싫은 질문 2개와 그게 왜 싫은지를 주관식으로 물었다. 객관식으로 하지 않은 이유는, '지금 보니 이 질문 별로네'가 아니라 평소에 질문 받았을 때 싫은 감정을 느꼈던 기억이 실제로 있는지 확인하고 싶었기 때문이다. 주로 학교로 강연을 갔기 때문에 초등학생 고학년부터 고등학생까지 약 500명에게 물었다. 아이들이 가장 많이 답한 질문은 "공부 잘하니?"였고, 이와 비슷한 수로 2위가 "꿈이 뭐니?"였다. 가장 듣기 싫은 질문으로 이 두 가지를 적은 경우가 가장 많았는데 단지 순서만 바뀔 뿐이었고, 다른 질문을 꼽은 경우에도 두 질문 중 하나는 꼭 들어갔다. 이외에도

"어떤 걸 잘하니?"

"너의 재능은 뭐니?"

"친구들과 잘 지내니?"

등의 질문도 있었다.

이 질문들이 싫은 이유로는

"뭐라고 대답해야 할지 몰라서."

"툭하면 듣는 질문이라 지겹다."

"공부를 못하니까."

"꿈이 없어서."

"왜 어른한테 하지 않는 질문을 우리한테 하는지."

등이 있었다.

한번은 강연 중에 한 아이가 이 질문에 대한 경험을 들려주었는데 그 자리에 있던 아이들 모두가 크게 공감했다. 자신이 학교 가려고 버스를 기다리고 있는데 한 할머니가 정류장에 오셨고 자신에게 말을 걸었다고 한다.

"학생, 학교 가? 학생은 꿈이 뭐야?"

그래서 머릿속으로 재빠르게 고민을 했다고 한다.(이 고민이 재미있다.) 꿈이 있다고 얘기하면 대화가 길어질 것 같고, 꿈이 없다고 얘기하면 한심하게 생각할 것 같은데 그래도 짧게 끝내는 게 좋을 것 같아서 '꿈이 없다고 대답해야지' 하고

"아, 저…"

하는 찰나에 할머니가 타려는 버스가 왔는지 할머니는 곧바로 탈 준비를 하더니 타고 가셨다는 거다. 고작 30초 정도의 시간이었던 것 같은데 자신이 대답을 고민한 게 허무했다고 한다. 그러면서 할머니는 자신에게 말을 걸기 위해 질문한 거지 자신의 꿈에 대해 관심이 있어서 물은 건 아닌 것 같다고, 어른들은 말을 걸 때 꼭 꿈을 물어본다고 덧붙였다.

이 얘기에서도 핵심은 아이들은 이런 질문을 수시로(진지하게 혹은 가볍게) 받고, 어떻게 대답해야 할지 고민하고 이 주제를 가지고 대화하는 걸 그다지 반기지 않는다는 거다. 분명 아이들은 자신들의 미래와 꿈에 관심을 가지고 있는데 이 질문이 왜 불편할까를 같이 생각해보자.

첫째, 이 질문을 너무 많이 받는다. 학교 등에서 진로와 관련된 시간이면 하고 싶은 것과 가능성, 현재 자신의 성적과 재능 등을 가늠해가며 생각해야 하는데, 주변 어른들에게도 준비되지 않은 상황에서 수시로 질문을 받는다. 뚜렷하게 꿈을 말할 수 있으면 그나마 괜찮다. 하지만 자신이 뭘 좋아하는지, 꿈이 뭔지 고민하고 있는 시점에서는 질문 자체가 부담스럽다. 자주 받으니 질문이 지겹게 느껴지기도 하고, 정말 자신에 대해 궁금하고 알고 싶어서 질문을 한다기보다는 그냥 던지는

질문처럼 느껴지기도 할 것이다.

둘째, 꿈마저도 평가받는 시대에 살고 있다. 꿈이 뭐냐는 질문에 미래의 직업을 얘기하는 건 이미 오래전부터 고착되어 있다. 괜찮은 직업을 얘기하면 "오~~" 하며 놀라워하면서 지금 자신이 그것이 될 가능성이 있는 사람처럼 여기지만, 이 사회 기준에서 저평가된 직업을 말하면 그다지 흥미로워하지 않는 반응을 보인다. 또한 꿈이 없다고 하면 마치 미래에 아무것도 하지 못할 사람으로, 그리고 지금 꿈이 없으면 마치 문제가 있거나 능력이 없는 사람처럼 치부하는 게 대부분이다.

셋째로, 이 질문 자체가 가진 문제를 언급하고자 한다. 질문의 시제가 미래이다. 지금의 안부와 지금 갖고 있는 감정, 지금 일어나고 있는 일부터 나누며 풀어가는 게 대화인데 '꿈'은 아이들의 지금이 아니라 미래를 묻는 것이기 때문에 대화 밀착력이 떨어진다. 특히 아이들에게 질문하는 꿈은 지금의 관심사, 언제든 변할 가능성이 있는 지금 시점의 꿈이 아니라 미래의 꿈이다. 따라서 지금 아동·청소년 시기는 마치 미래 꿈을 이루기 위해 보내는 시기로만 강요되고 있기 때문에 이 질문 역시 대화의 의도와는 상관없이 강요처럼 느껴져서 불편할 수밖에 없다.

그래서 어른들 강연 때 종종 얘기한다. "꿈이 뭐니?"만 묻지 않아도 좋은 어른이라고. 만약 공부 잘하는지, 꿈이 뭔지를 묻지 않으면 그 자리에 어떤 질문이 들어설까? 취미가 뭔지, 어떤 음식을 좋아하는지, 요즘 보는 드라마가 있는지, 뭐 하면서 스트레스 푸는지, 여행 가고 싶은 나라가 있는지 등 우리가 친구들끼리 만나면 소소하게 나누는 질문들로 채울 수 있지 않을까?

"꿈이 뭐니?"라는 질문에는 아동·청소년을 현재를 살아가는 한 사람으로 존중하는 게 아니라 미래를 위해서만 살아가는, 무언가를 이루어야 비로소 완성되는 존재로 여기는 사회 인식이 들어있다. 아이들은 미래 시민이 아니라 지금 당장 사회 안에서 같이 살아가고 있는 현재 시민이라는 인식이 아직은 매우 부족하다.

누구에게나 아동·청소년 시기가 있었고, 그에 따른 매일매일의 일상이 있었다. 감정이 있었고 고민과 우정과 기쁨과 성찰과 좌절과 성취가 있었다. 지금의 아동·청소년도 그렇게 현재를 살아가고 있는데 이 사회는 자꾸만 이들의 지금을 건너뛰고, 미래를 준비하는 시기로만 바라본다. 한 아이를 볼 때, 그 시선을 아이의 미래가 아닌 지금으로 돌린다면 대화 주제는 공부나 꿈보다 더 다채로워지지 않을까?

아동·청소년이 현재 시민으로서 사회 안에서 자리 잡지 못하게 하는 아주 기본적인 정책 퇴행이 하나 있다. 들으면 아! 할 만한 건데 들을 기회는 별로 없는 정책이다. 발의는 되었지만 관심을 충분히 기울이지 않아 국회 임기 만료와 함께 소리 없이 사라져서 들리지 않는 정책이 되어버렸기 때문이다. 어떤 정책일까?

우리나라는 현재 아동기본법이 없다. 아동복지법을 기반으로 아동과 관련된 여러 정책을 마련하지만 아동 관련 법들이 체계적이지 못하고 그때그때 사회적 요구와 필요에 의해 만들어지다 보니 자세히 살펴보면 같은 내용이 반복되거나 아동을 권리 주체로서 인정하기보다 보호와 양육의 대상으로만 보고 있음을 알게 된다. 또한 아동 관련 법과 청소년 관련 법에서 규정하는 연령이 교집합처럼 겹쳐있으면서도 제시하는 나이는 제각각 다르다. 아동복지법에서 아동은 만 18세 미만, 청소년기본법에서 청소년은 만 9세~만 24세, 청소년보호법과 아동·청소년의 성보호에 관한 법률은 만 19세 미만으로 정의한다. 머리말에서도 언급한 것처럼 우리 사회에서 인식하는 어린이, 아동, 아이, 청소년 연령이 실제 법령과 다르고, 법령 안에서도 정의가 다르다.

아동과 관련된 다양한 정의와 이념을 아우르는 아동기본법 제정이 필요하고 이를 통해 우리 사회의 아동을 권리 주체, 민주주의 시민으로 인정하는 문화가 정착되기를 기대한다. 현재는 아동복지법을 기반으로 삼는 아동권리보장원에서 이 역할을 하고 있는데 아동기본법이 제정되고 국가 차원에서 아동 권리를 보장하는 아동인권 전담부처를 설치하게 되면 아동의 의견을 적극 수렴할 수 있는 통로가 지금보다 더 열릴 것으로 기대한다.

이 사회 안에는 다양한 연령의 시민이 함께 살아가고 있다. 연령과 상관없이 한 사람 사람마다의 시민성을 존중하는 시각이야말로 진정한 민주주의 시민성을 확립하는 핵심이지 않을까?

"아이돌 닮았어!" 칭찬 아닙니다

"아이들한테 칭찬할 때 외모 칭찬도 괜찮을까요?"

이런 질문을 종종 받는다. 칭찬의 말을 건네고 싶은데 외모를 언급하자니 아무리 칭찬이라지만 결국 외모 평가 같고, 외모에 대한 칭찬을 하면 좋아하는 것 같은데 모든 아이한테 '예쁘다, 잘생겼다'라고 할 수도 없는 일이라서 많은 고민 끝에 한 질문이리라. 이런 고민은 환영할 만하다. 우리 사회는 이런 고민 없이 외모에 대한 표현을 서슴없이 하는 경우가 많으니까.

멘토링 교육을 할 때, 성인지 감수성을 꼭 언급하는데 특히 외모와 관련된 칭찬을 가능한 지양하라고 조언한다. 외모 칭찬이 일상화되어 있고, 외모 칭찬을 아이가 좋아할 것 같고, 아직 아이의 다양한 모습을 접하기 전에 아이에게 칭찬이라도 해주고 싶은데 딱 보이는 외모와 관련된 말이 아니라면 도대체 어떤 칭찬을 해야 할까?

아동에게 칭찬을 건넬 때뿐만 아니라 우리는 일상에서 누군가에게 칭찬을 할 때 "예뻐졌다", "날씬하다", "동안이다", "키가 크다", "연예인 닮았다"

등의 말을 안부 전하듯이 예사롭게 한다. 외모를 평가하겠다는 의도보다는 칭찬, 더 나아가 예의라고 생각하고 좋은 말을 건네겠다는 마음이 대부분일 것이다. 특히 아이들에게는 "웃는 게 귀엽다", "아이돌 같다", "왜 이렇게 말랐냐?", "통통해서 귀엽다", "피부가 좋다" 등 외모와 관련된 말을 더 쉽고 편하게 건네는 듯하다.

외모를 가지고 놀리거나 비하하는 것이 잘못된 거라는 건 많이들 인지하고 있다. 그러나 칭찬은 좋은 의도라 괜찮다고 인식한다. 나 역시 아이들과 많은 접점이 있다보니, 친해지려고 혹은 호감을 얻으려고 키가 엄청 크다, 얼굴이 작다, 목소리가 좋다, 머리결이 좋다 등등의 말을 했더랬다. 아이들에게 하는 외모 발언은 특히 여러 아이들 앞에서 많이 이뤄지다 보니 의도치 않게 한 사람을 칭찬함으로써 순식간에 비교가 일어나고, 칭찬받은 아이 역시 외모에 더욱 신경쓰게 함으로써 매이게 한다. 현시대 아이들이 겪고 있는 과도한 외모지상주의로 인한 자기파괴를 우리는 이미 알고 있다. 나 역시 일조했던 한 사람으로서 적어도 무분별한 외모 발언을 같이 줄여나가자 말하고 싶다.

아, 이런 말도 주의가 필요하다. "피곤해 보인다." "눈이 졸려 보인다", "지쳐 보인다" 류의 말들. 아이가 식은땀을 흘리고 명백하게 아픈 게 느껴진다면 체크를 해야겠지만 외형의 느낌만으로 상대방의 상태를 함부로 짐작하는 것 역시 조심해야 한다. 실제 틴트를 바르지 않으면 피곤해 보인다는 말을 자꾸 들어서 더 챙겨서 바른다는 여자 아이들도 있다.

어른이 아이들에게 칭찬을 건네는 이유는 가까워지고 싶어서이기도 하고, 아이들은 외모와 관련한 칭찬을 특히 더 좋아할 거라고 생각해서 기분을 좋게 만들어주고 싶어서이기도 하다. 이렇게 일상에서 상대방이 좋아할 만한 말이고, 칭찬의 말이라 생각하니 외모지상주의에 대한 비판의식은 느끼지만 이런 말들이 줄어들 기미가 없다. 무엇보다 보자마자 툭 튀어나오는 외모와 관련된 말은 특히 조심할 필요가 있다.

외모에 관련된 말은 그 말이 좋은 의도라 하더라도 결국 '외모 평가'가 된다. 인권 차원에서 생각해보면 인간은 그 자체로 존엄하고 고유성이 있는데 잘생긴 외모, 예쁜 외모, 못난 외모가 어디 있겠는가? 외모 언급은 그 자체로 인간의 존엄을 침범한다.

외모지상주의라는 말은 사람을 있는 그대로가 아니라 외모를 기준으로 절대적 가치를 부여하고 서열을 세우겠다는 말이다. 외모에 따라 더 유리하고 불리해지는 사회야말로 비인권적인 사회다. 그리고 그 말이 칭찬의 말이라도 결국은 외모에 매이게 하는 말이다. 누군가에게 '예쁘다, 잘생겼다'라는 말을 들으면 그 말을 지속해서 듣기 위해 외모에 더 치중하게 되고, 외모에 집착할수록 자신이 가진 무수한 개성과 고유성의 자리는 협소해진다.

그럼 외모 발언을 하지 않으면 뭐라고 칭찬해야 할까? 먼저, 아이들에게 칭찬을 꼭 해야 한다는 강박을 버리라고 말하고 싶다. 아이에게 더 많은 칭찬을 해줘야 한다는 생각보다는 함께 있을 때 대화를 잘 나누는 게 중요하지 않을까? 그리고 칭찬을 하고 싶다면 아이가 한 노력과 수고, 나에게 감동을 준 행동, 고마운 점 등이면 충분하다. 혹은 이건 어떨까?

"너 보니까 반가워."

"너와 같이 얘기하는 게 즐거워."

"네 덕분에 많이 배웠어."

함께해서 좋다는 말은 나의 존재가 환대받는 느낌이 들어서 그 자체로 사람을 행복하게 한다. 외모 칭찬보다는 함께하니 좋다는 말이 훨씬 더 자존감을 높여주는 말이기도 하다.

외모와 더불어, 남자친구(여자친구)가 있는지 등도 쉽게 하는 질문 중 하나다. 이런 사적인 영역의 질문을 함으로써 친근하게 다가가고 대화를 이어가고자 하는 경우가 많다. 성인에게 결혼 유무 질문이 사적 영역을 침범하는 질문이 될 수 있듯이 아이들에게도 실례가 된다.

생각할수록 이상한 말이 '모태솔로'라는 말이다. 이 말은 지금까지 한 번도 연애 경험이 없다는 말인데 아이들끼리 놀리는 말로 쓰이기도 한다.

"쌤, 얘 모태솔로래요."

"너 모태솔로지?"

이처럼 누군가를 사귀고 안 사귀고가 한 사람의 매력을 증명하는 셈이 되어버린 세상이다.

외모와 관련된 말은 칭찬이라도 의도와 상관없이 평가가 될 수 있다는 것과 사귀는 사람이 있는지를 묻는 것은 관심보다 실례가 될 수 있음을 생각해보자.

2장

우리가
무엇을 놓치고
있는 걸까?

놀 권리와
안정된 우정에 대해서

아이들이 즐거운 이유

"야, 정다이! 학원 가?"

"아니."

"놀자아~~"

학교 수업이 끝나고 운동장에서 두 아이의 하루가 갈라진다. 학원을 다니지 않는 다이는 역시 학원을 다니지 않는 유진, 민호와 놀면서 삼총사가 되고, 학원을 가야 하는 재경은 놀자는 말이 터무니없어서 시큰 둥하게 지나치면서 그렇게 매일같이 혼자 학원을 다닌다.

영화 내내 눈에 들어온 것은 다이와 재경의 대비되는 표정이다. 다이 는 아빠와 낯선 동네로 이사를 오면서 새로운 학교에 전학을 왔다. 어 색해하며 분위기를 살피면서 보낸 며칠 정도는 무표정이었지만 유진, 민호와 친해진 뒤로는 같이 있을 때면 주로 웃는다. 반면에 재경은 항 상 입이 뿌루퉁하고 모든 상황에 인상을 찌푸리고 있다.

여러분은 초등학교 2학년 아이를 떠올리면 어떤 표정이 그려지는 가? 밝고 명랑하고 활기차고 얼굴 가득 장난기와 호기심으로 가득한 표정이 떠오르는가? 다시 질문을 바꿔서, 대한민국 초등학교 2학년 아 동들의 표정은 다이에 가까울까, 재경에 가까울까?

다이는 주로 집에서 혼자 시간을 보낸다. 다이의 엄마는 병원에 입원 해 있다. 아빠는 화물운송 일을 하다 보니 주로 밤에 나가고 집에도 불

규칙하게 들어온다. 다이는 학교를 마치면 엄마 병원에 가서 시간을 보내는데, 엄마가 주사를 맞고 지쳐있는 경우가 자주 있어서 병원에서도 심심할 때가 많다. 집에 오면 주로 혼자 TV를 보거나 혼자 잠을 자는데 이 생활이 언제 끝날지 알 수 없다.

"물은 일주일에 한 번씩 주면 되고, 여름에 노란 꽃이 피는데 그때쯤 엄마 집에 오니까 같이 그 꽃 보자."

다이는 노란 꽃이 피면 엄마가 올 것 같아서 엄마 병실 침대 옆에 화분을 놓아주며 이렇게 말한다. 꽃만큼은 병원이 아닌 집에서 같이 보자고. 그렇지만 엄마는 다이의 희망에 맞장구칠 수 없다. 그래도 다이는 엄마에게 집에 빨리 오라며 떼를 쓰거나 혼자 있어서 힘들다고 투덜대지 않는다. 그랬던 다이의 시간은 이제 친구들과의 시간으로 채워지기 시작한다.

다이, 유진, 민호는 학교를 마치면 스케줄이 바쁘다. 먼저, 조금이라도 더 놀기 위해서는 빠르게 아지트에 도착해야 한다. 하지만 걱정할 필요가 없는 게 유진과 민호는 지름길을 알고 있다. 동네 분리수거 장소에 오래도록 놓여있는 의자를 밟고 올라가서 화단 울타리를 넘어가면 곧바로 아지트로 이어지는 언덕 입구다. 나뭇잎이 울창한 언덕 둘레길을 헤치고 빠르게 걸어가면 방치된 것으로 보이는 컨테이너박스가 하나 있는데 거기가 셋의 아지트다.

아지트 안에서 그림도 그리고, 책도 읽고, 장난감을 가지고 놀다 보면 어느새 아지트를 지켜야 할 시간이 된다. 종이로 만든 망원경을 들고 컨테이너박스 위로 올라가 보초를 서는데, 이따금 아지트 쪽으로 오려는 불청객이 있어서 긴장을 늦출 수 없다. 다행히 불청객이 이쪽으로 오지 않고 다른 길로 가는 걸 확인한 후에는 임무를 마쳤으니 간식을 먹는다. 때로는 아지트에서 나란히 낮잠을 자기도 한다. 밤에는 거의 혼자 잠을 자는 다이지만 아지트에서는 친구들과 꼭 붙어서 햇살 따뜻한 잠을 잔다.

신기한 것은 그렇게 매일 노는데 끊임없이 새로운 놀이 아이디어가 생긴다는 점이다. 막대기 하나만으로도 셋은 아지트 주변 모든 물건이 난타 리듬으로 변할 수 있다는 걸 안다. 여기에서는 조용히 좀 하라는, 그럴 시간에 공부나 하라는, 계속 놀기만 할 거냐며 간섭하는 어른이 없다.

엄마는 병원에서 돌아올 기약이 없고 아빠는 병원비를 버느라 바빠서 집에서 늘 혼자 지내지만 다이는 외롭지 않다. 내일이면 또 아지트에서 해야 할 삼총사 활동이 기다리고 있기 때문이다.

놀이로 존중을 알아가는 아이들

"쟤한테 저런 면이 있는 줄 몰랐어요."

아이들과 모둠을 구성하여 토론이나 미션 수행 등 여러 활동형 프로그램을 하고 나면 아이들이 가장 많이 하는 말이다. 한 학교의 중학교

1학년 교실에서 학기 초부터 한 학생을 따돌리는 분위기가 만들어지고 있다고 해서 1학년 전체 반에서 소통 프로그램을 진행한 적이 있다. 따돌림이 일어나고 있다는 반을 내가 맡게 되었는데 반에 들어가자마자 한 아이가 유독 위축되어 있는 게 눈에 들어왔다. 선생님 말에 따르면 아이는 자기표현을 잘 안 하고 매사에 소극적인 모습을 보여서 아이들이 처음에는 답답해하다가 점점 소외된 것 같다고 했다. 잠시 생각에 잠긴다. 뭐가 먼저였을까? 아이가 소극적이어서 다른 아이들이 답답해했을까, 아이들이 답답해해서 소극적이 됐을까? 아님 그 이전에 어떤 경험이 아이를 위축되게 한 걸까?

5개의 모둠을 추첨으로 구성하고, 역시 추첨을 통해 각 모둠원에게 리더, 발표자, 리액션, 칭찬, 다정한 눈빛 등 각각의 역할을 맡게 한 후에 여러 활동 프로그램을 진행한다. 매주 한 번씩 만나는 프로그램이었는데, 세 번째 만났을 때 따돌림 대상이 되었던 아이가 추첨을 통해 리더 역할을 맡게 되었다. 그날의 미션 활동 프로그램은 리더가 스피커폰으로 도형 다섯 개를 5분 동안 설명하고 모둠원이 똑같이 그려내는 것이었다. 미션이 끝나고 아이들이 그 아이에게 정해진 5분 동안 설명을 잘했다며 말을 건네고 있기에 슬며시 거들었다.

"오, 그러니까요. 딱 시간을 맞춰서 설명 끝내는 거 보고 나도 깜짝 놀랐어요."

"맞아요. 서두르지 않고 끝까지 차분하게 하더라고요. 쟤한테 저런 면이 있는 줄 몰랐어요."

아이들은 놀이를 통해 서로를 '발견'한다. 각자가 가지고 있는 성격, 재능, 유머 코드, 취향 등 개성을 발견하면서 가까워지고 이해하고 조율한다. 학기 초에 충분히 서로를 알아갈 시간도 없이 겉으로 드러나는 이미지나 이미 알고 있던 아이들 위주로 관계가 형성되고 나면 서로를 발견할 시간이 삭제된다. 그렇기에 담임선생님이 적극 제안해 소통거리를 만들어줄 수 있는 시간을 학년 전체에 하도록 추진한 것이다(8개 반 모두에 한 이유는 우리 반이 따돌림 문제가 생겨서 이런 프로그램을 하는 거라는 인식을 갖지 않게 하기 위함이다).

이렇게 아이들을 만나면서 매번 느끼는 것은 아이들은 서로 알고 싶고, 연결되고 싶고, 서로에게 좋은 사람으로 보이고 싶은 열망이 있다는 거다. 잘 지내고 싶지만 뭘 어떻게 해야 할지 몰라서 소외되는 사람이 생기거나 자발적 소외를 선택하는 등의 일이 일어난다. 특히 학기 초에는 모두가 긴장된 분위기 속에서 재빨리 누군가와 친해지려고 하다 보면 시간차 때문에 이러지도 저러지도 못하는 아이들이 많이 생기고, 무리 형성이 이뤄지는 과정에서 무리 바깥으로 밀려나며 소외가 일어나기도 한다.

다시 영화로 돌아와 보자. 다이, 유진, 민호를 통해 놀이 속에서 아이들이 저절로 존중을 습득하는 걸 볼 수 있다. 지름길을 잘 아는 민호가 앞장서면서

"잘 따라와."

"여기 벌레 많아."

하고 계속 뒤에 오는 친구들을 살핀다. 그런가 하면, 아지트에서 잘 지내기 위한 규칙도 써 붙였다.

1) 과자를 먹고 치우기
2) 남이 싫어하는 행동은 하지 않기
3) 아지트를 남에게 알려주지 않기
4) 싸우지 않고 사이좋게 지내기

학교 등 곳곳에서 소통 교육, 인성 교육, 인권 교육 등 다양하게 교육이 이루어지면서 아이들이 반복해서 접하는 말이 있다..

"틀린 게 아니라 다른 거다."

"다름을 존중할 줄 알아야 한다."

이런 문장을 알고 있다 하더라도, 이 문장을 타인과의 관계에서 어떻게 적용해야 할지는 관계맺기를 통해 체득해야만 알 수 있다. 같이 잘 놀기 위해서는 존중하고 이해하고 약속을 지키는 게 중요하며 그러기 위해서는 어떻게 행동해야 하는지를 관계 속에서 스스로 깨닫는다. 즉 서로를 존중해야 같이 잘 놀 수 있다는 걸 알게 된다.

존중의 사전적 의미는 "상대방을 높이고 귀중히 여긴다"는 뜻인데, 존중이 뭔지 실질적인 의미를 유진과 민호가 다이 엄마와의 대화를 통해 잘 보여준다.

다이에게 엄마가 간절했던 어느 날, 엄마는 결심한 듯 하루 외출로 병원을 나와 다이와 장을 봐서 집으로 온다. 다이를 찾아온 유진과 민호까지 함께 맛있는 식사를 하면서 즐거운 시간을 보내는데, 잠시 다이가 화장실에 간 사이에 엄마는 유진과 민호에게 조심스럽게 말을 꺼낸다.

"아줌마가 계속 병원에 있으니까 친구들이 다이를 이상하게 보지 않을까?"

말이 채 끝나기도 전에 유진과 민호는 이렇게 대답한다.

"그게 왜요?"

"저와 민호는 상관없어요."

존중이 무엇인지 이처럼 선명한 설명이 있을까? 엄마가 병원에 있는 게, 아빠가 친아빠가 아닌 게, 민호가 부모님은 없이 형이랑만 사는 게, 유진이 할머니랑 둘이 사는 게 그게 왜 이상한가? 그런 것은 서로 친하게 지내는 데 전혀 문제가 되지 않는다고 말한다. 상대방을 귀중히 여긴다는 것은 그 사람 외의 다른 것으로 그 사람을 판단하지 않는다는 것과 같은 말이다.

안정된 우정이 아이들을 살게 한다

우리나라 아동·청소년의 행복지수는 OECD 국가 중 매우 낮고 자살률은 매우 높다는 통계를 언급하면 이제는 진부한 정보라고 말을 한다.

하도 들어서 전혀 새로운 사실이 아니라는 것이다. 매번 통계에서 이렇게 드러나고, 진부하게 인식할 정도라는 건 이 사회가 대책을 전혀 세우지 않고 있다는 반증이다. 즉, TV 프로그램에 나오는 아이들을 귀여워하면서 아이들의 행복에는 전혀 관심을 기울이지 않고 있다는 증명이다. 자살률은 2015년 이후 계속 상승세이며, 2022년에는 2000년대 들어 최고치를 기록했다.[8]

행복지수 역시 100점 만점 기준 42.9점으로 50점이 안 되는 수치가 계속 이어지고 있다.[9]

이런 실정은 진부하다는 표현을 붙일 수 있는 종류의 것이 아니다. 실제 아이들의 일상은 웃음보다는 근심이, 우정보다 경쟁이, 존중보다 비하가 자리 잡아가고 있다는 걸 아이들 곁에 있는 어른들은 목격하고 있다. 현실을 계속 직시하고 바꾸기 위해 방안을 마련하지 않으면서 진부하다는 말로 덮는 것이야말로 감수성이 지독히 없는 거다.

한편, 어린이의 놀 권리 보장을 방해하는 요인으로 아이들이 꼽은 세 가지가 있다. ①어른의 간섭 ②놀 시간의 부족 ③놀 권리의 중요성에 대한 인식 부족이다.[10]

EBS 다큐멘터리 〈놀이의 힘〉에서는 '진짜 놀이와 가짜 놀이'에 대해 다루었는데 이 부분이 아주 흥미롭다. 엄마와 자녀에게 30분간 놀이를 하게 하고 지켜봤더니 학습하듯이 가르치려 하는 부모가 많았다. 놀이는 자발성, 주도성, 즐거움이 핵심인데 어른의 간섭으로 자발성과 주도성이 침해받고 즐거움이 반감되는 것이다. 우리나라 아이들은 학교 수업 이외에도 학원에 다니느라 놀 시간이 부족한 것은 물론이고, 이로 인해 함께 어울려 놀 친구가 없어 아이러니하게도 친구를 만나기 위해 학원을 가는 경우도 많다.

그렇다면 놀 권리를 알고 있는 아동이 얼마나 될까? 놀 권리를 알아도 권리를 행사할 수 있는 환경이 보장되기는커녕, '노는 것'에 공포와 죄책감을 갖게 하는 사회 분위기는 언제쯤이면 달라질 수 있을까?

학원도 다니지 않고 놀기만 하는데도 받아쓰기 100점을 맞는 다이가 재경의 눈에는 너무 밉다. 재경은 그 무엇보다 중대한 학원에 짓눌려 친구들과 노는 시간을 갖지 못함은 물론이고, 길을 걷다 발견한 매미 빈 번데기에 대한 잠시의 호기심도 "그런 거 만지지 말라니까. 얼른 버려."라는 엄마 말에 바사삭 부서뜨려야 한다. 그날도 주말이지만 학원에 가던 재경은 어딘가 수상한 다이와 친구들을 마주한다. 마침 담임 선생님도 우연히 만난 터인데 아이들이 온갖 눈짓으로 자신에게 도움을 요청하는 눈치여서 이거 거짓말을 해야 할 것 같다.

"저희 엄마랑 다 같이 곤충박람회 가기로 했어요. 엄마가 친구들과 사이좋게 지내라고 했어요."

그렇게 담임선생님을 보내고 학원으로 향하던 재경은 이내 발걸음을 돌려 아이들을 따라나선다. 알고 보니 다이의 엄마가 옮겨간, 청주에 있는 요양병원에 가는 길이란다. 그렇게 서울에서 청주까지 초등학교 2학년 아이들 네 명의 다사다난한 여정이 시작된 것이다.

"고마워. 재미있었어."

재경은 결국 엄마에게 들켜서 중간에 멈춰야 했지만 다이에게 고맙다고 말한다. 버스를 놓치고 한참을 헤매는 등 고생을 하고도 재경이 고마웠던 건 아마도 친구들과 함께한 시간이었을 것이다.

"엄마, 나 여기 어떻게 왔냐면 시아라는 애랑, 재경이라는 애랑, 민호랑 버스 타고 엄청 힘들게 왔다."

이제 다이는 엄마와 이별할 시간임을 안다. 깊은 잠에 빠져 있는 엄마에게 친구들과의 여정과 엄마에게 보여주고 싶었던 노란 꽃 이야기를 하며 엄마를 떠나보내는 자신만의 인사를 건넨다.

친구들이 아니었다면 다이가 이토록 씩씩하고 다정한 이별을 할 수 있었을까? 친구들과 간식도 먹고 게임도 하고 헤매고 싸우기도 하면서 왔기에 엄마를 못 보면 어떡하지 혹은 엄마가 죽으면 어떡하지 하는 공포에 압도되지 않을 수 있었을 것이다.

같이 가자고 흔쾌히 길을 나서준 민호 덕분에, 자신의 용돈을 친구들을 위해 내놓은 시아 덕분에, 담임선생님도 방어해주고 같이 헤매준 재경 덕분에 다이는 스스로의 힘으로 엄마와의 마지막 시간을 보낼 수 있었다.

이 영화가 아동의 놀 권리를 말하기 위해 만들어졌는지는 모르겠지만, 분명한 건 아이들의 세계를 아이들의 시선에서 그려낸 것임이 잘 전달된다. 아이들에게도 삶이 있고, 옳고 그른 것을 구별할 줄 아는 눈이 있고, 서로를 위해 내놓는 마음과 용기가 있다는 걸 잘 표현해주어 관객으로서 고맙다는 말을 하고 싶다. 아이들이 지금 살아가는 저마다의 삶에 '순수하다, 천진난만하다'는 그야말로 진부한 수식어만 붙이지 않게 만들어주어 반가웠다.

영화의 마지막, 다이는 오늘 또 즐겁다. 방학식이라 전학 간 유진도 왔고 이제 다섯 명이서 민호네 집에 가서 열심히 놀면 되니까.

교육에서 경쟁을
뺄 수 있을까?

불필요한 경쟁이 너무나 많은 사회

'교육에서 경쟁을 뺄 수 있을까?'

교육과 관련된 사람들이라면 한 번씩은 이 질문과 맞닥뜨려본 경험이 있을 거라 생각한다. 아이들은 이미 경쟁 구조 안에서 과도하게 비교당하고 성적 등으로 서열화되고 있는데 나 역시 거기에 적극적으로 동참하고 있는 건 아닌가 하는 의구심이 무시 못 할 높이로 쌓였을 때, 아주 선명하게 이 질문과 직면한 적이 있다.

아동·청소년들과 다양한 주제의 캠프로 만나오다가 그 해에는 한 아웃도어 기업의 지원으로 지리산둘레길 트레킹 캠프를 진행했다. 한여름에 트레킹에 흥미가 매우 적은 아이들과 둘레길을 걷는다는 것이 큰 부담이긴 했지만 결국에는 좋을 거라는 확신을 갖고 아이들과 만났다. 참가자는 프로그램을 보고 신청한 아이들과 학교에서 참가비 지원을 받고 학교 선생님들의 추천으로 오게 된 아이들로 구성되었고, 여기에 청년 멘토들도 합쳐져 30명 정도가 함께했다. 학교 선생님들의 추천으로 함께하게 된 아이들 가운데는 경기권 고등학교에서 학교폭력으로 처벌 기간에 있는 아이들도 있었다. 학교폭력 가해로 교내 선도 조치에 해당하는 학교 내 봉사를 하게 된 아이들로, 일정 시간 주로 교내 화장실 청소, 학교 주변 정리 등의 봉사활동을 하는데, 담당 선생님들의 추천으로 캠프에 함께하게 된 것이다.

일부러 다양한 청소년을 선정했는데 첫날부터 도드라진 몇몇 아이들로 인해서 긴장감이 올라갈 때도 있었다. 우여곡절이 있었지만 결과적으로 3박 4일 동안 이럴 수 있나 싶게 서로 가까워졌고 헤어질 때는 부둥켜안고 울기까지 하였다(그날 우리가 왜 그렇게까지 울었는지 해석이 불가하다). 이 캠프에서 유일한 오점은 마지막에 최우수조를 선발해서 시상을 한 나의 진행이었다. 중간 중간에도 퀴즈대회를 열거나, 조별로 누가 먼저 도착하는지 어느 조가 토론을 잘하는지 등을 두고 경쟁 분위기를 유도해오다가 마지막 시간에 3박 4일 동안 가장 열심히 한 조를 뽑아 후원기업에서 제공해준 상품을 수여했다.

어느 조가 최우수조일지 분위기를 잡고 발표하는 순간의 아이들 표정과 분위기가 지금까지도 녹화된 영상처럼 생생하다. 최우수조로 호명된 아이들은 기뻐서 서로 껴안고 좋아 날뛰는 반면, 다른 조 아이들은 실망한 표정이 역력했다. 몇몇 아이들은 자기 조 아이들에게 "괜찮아, 괜찮아." 하면서 토닥이기도 했지만 대부분은 자기 조 아이들과 눈도 안 마주치고, 어떤 조에서는 "우리 조 아닐 줄 알았어.", "우리 조 누구 때문에 못 받았는지 알 것 같은데!" 등의 말들이 작고 크게 들려왔다. 최우수조 상품이 고가여서 더 그런 분위기였지 싶다.

그 순간 내가 무슨 짓을 한 건가 싶었다. 우리는 3박 4일 동안 서로를 받아들이고 서로 때문에 많이 웃고 서로에게 이토록 친절하였건만 마지막에 굳이 최우수조를 뽑아서 잘 뭉쳐진 관계에 균열을 만들었어야 했나, 내가 왜 그랬을까를 두고두고 생각했다. 아이들은 더운 날 둘레길을 걸으면서 자연스럽게 서로를 도왔고, 걸으며 나눈 얘기에 공감하면서 관계를 쌓아온 거지, 상품을 받기 위해서 그렇게 한 것이 아니었다. 마지막에 최우수조를 뽑음으로써 다 같이 쌓은 추억의 시간이 잘한 사람, 못 한 사람으로 분류되는 괴상한 변질이 일어났다. 아이들에게 너무 미안했다. 이 경험을 계기로 앞으로 아이들과 함께하는 교육에서 최선을 다해서 '경쟁'을 빼자고 다짐했다.

예를 들어, 퀴즈를 맞춘 아이에게 사탕을 주거나, 교육 태도가 좋거나 질문을 한 아이에게 책 선물을 주겠다고 하거나, 잘한 팀에게 점수를 주거나, 누가 더 잘하는지 보자는 등의 경쟁을 유도하는 말은 아예 하지 않았다. 이후 장기자랑에서 하던 시상 시스템도 없애고, "네가 우리 반에서 최고야." "역시 네가 제일 잘해낼 줄 알았어." 등 내 안에 탑재된 경쟁을 부추기거나 비교하고 서열을 매기는 말과 시스템을 정비했다. 어떤 교육에서는 퀴즈를 맞히고 "쌤, 상품 없어요?"라고 묻는 경우도 있었지만 '맞춰줘서 고맙다' 정도로 마무리하거나 상품이 없는 의도, 간식을 상품으로 걸지 않고 모두에게 똑같이 주는 이유 등을 설명하기도 했다. 아이들은 금세 동의해줬고 즉각 편안해하는 느낌을 받았다.

이것이 오랜 시간 경쟁이 아이들의 참여와 집중력, 실력을 끌어올리는 데 가장 좋은 동기부여라고 믿고, 많은 아이에게 적용해온, 경쟁신화에 동참해온 나의 통렬한 반성이다.

경쟁이 만들어내는 불안과 조급함이라는 폭력

영화 〈4등〉은 국가인권위원회에서 기획한 영화이기에 '인권'이라는 뚜렷한 주제를 가지고 있다. 제목이 메달권 바로 아래 등수인 것만으로도 이 영화가 말하고자 하는 바가 전달된다.

주인공 준호는 엄마에게도 "야, 4등"으로 불린다.

"야, 너 4등 하고 그게 입으로 들어가?"

"너 지금 웃음이 나와?"

"너 4등인데 아이스크림이 먹고 싶어?"

도통 4등과 관련이 없어 보이는 영역까지 4등이 끼어들어 온다. 이 영화는 인권에 있어서 꼭 짚어야 할 점을 다각도로 비춰준다. 엘리트주의 스포츠 구조, 교육이라는 명분 아래 자행되는 체벌, 폭력의 대물림, 등수 앞에서 쉽게 지워지는 사람, 아이의 성적이 엄마 삶의 전부가 되는 사회 인식까지, 사회 구조 안에서 촘촘하게 연결되어 어디가 시작이고 어디가 끝인지 알 수 있는 인권 침해의 딴딴한 그물을 보여준다.

그런데 영화가 잘 보여주는 것과는 무관하게 영화를 본 사람들의 후기를 찾아보면 극성 엄마, 폭력 코치의 문제만으로 단정 짓기도 한다. 이들이 왜 이럴 수밖에 없는지에 대한 사회 구조의 문제로 들어가 보면, 개인의 행동이 타당하다고 말할 수는 없지만 이들 역시 피해자임을 알아차릴 수 있다. 이 모든 것은 결국 경쟁 시스템 안에서 상위권에 들지 못하면 행복하게 살지 못할 거라는 오랜 패러다임 때문이 아닐까?

경쟁에서 상위권에 들지 못하면 수영선수를 계속할 자격이 주어지지 않을 준호나, 아이가 사회의 기준에 비추어 성공하지 못하면 교육을 잘 시키지 못했다는 시선을 받을 엄마 정애나, 오직 수영만 하는 성장 과정을 거쳐서 그것만이 생계 수단이 되고 그래서 생계 위협을 맞닥뜨리게 되는 코치 광수까지 모두가 피해자다.

이들을 지배하고 있는 경쟁이라는 거대한 폭력을 이 영화에 기대어 얘기하고 싶었다.

"뭐가 되려고 그래? 어떻게 살려고 그래? 인생을 꾸리꾸리하게 살 거야?"

"쟤 수영으로 대학 가야 해. 안 그러면 맨날 4등 해. 어떻게 사람 구실 할 거야?"

엄마 정애의 말을 가만히 살펴보자. 그 안에 들어있는 감정선이 느껴지는가? 불안, 걱정, 조급함이 느껴지는가? 준호가 지금 어떻게 살고 있는지보다 뭐가 될 건지, 미래 인생이 어떻게 될지가 걱정되고 빨리 준비시켜야 한다는 조급함이 한가득이다. 지금 초등학생인데 대학을 가야 하고, 대학을 가야 사람 구실을 한다는 오랜 사회적 학습의 구조물이 엄마 정애를 지배하고 있다. 그리고 이 불안과 걱정과 조급함을 해결해줄 가장 좋은 방법은 아이가 수영대회에서 메달을 따는 것이라 생각한다. 즉 경쟁에서 우위를 선점해야 미래가 보장된다는 믿음에 휩싸여, 아이가 온몸에 멍이 들도록 맞고 와도 그것이 실력이 오르는 길일 수도 있으니 멈추거나 막는 것을 망설인다.

"(이 코치 소개해주면) 자기 애가 상처받을까 봐 그래."

"저 그 상처 메달로 가릴 거예요."

코치인 광수를 소개받기 전에 엄마 정애는 선언하듯이 말한다. 아이가 맞는 것보다 4등하는 게 더 무서운 엄마 정애. 아이가 맞는 것은 나중에 메달 따면 다 괜찮아질 테지만 4등을 하면 보장된 미래가 없어진다고 생각한다. 사실 엄마도 준호가 맞고 오는 게 가슴 아프고 이게 잘하는가 싶지만 준호가 경쟁에서 밀려나 '아무것도 아닌' 어른으로 클까봐 무섭다. 영화 속의 정애를 제3자의 시선으로 보면 뭘 저렇게까지 하나 비판하지만, 우리 중 누구라도 경쟁에서 이겨야 미래가 보장된다는 생각에서 자유롭지 않다. 우리가 이 사회 안에 있는 한 말이다.

이 영화로 한 중학교에서 인권 토론 수업을 한 적이 있다. 토론 주제는 갈등의 주축을 이루는 준호, 엄마 정애, 코치 광수 세 사람이 각각 가지고 있는 권리가 무엇인지 생각해보는 것이었다. 모둠별로 한 인물을 선택해서 토론했는데, 엄마 정애를 맡은 팀에서 정애가 가진 권리 중 하나를 '아들이 메달을 따와서 행복할 권리'라고 쓴 걸 보고 우리가 아이들에게 도대체 어떤 세상을 제공하고 있는 건가 싶었다. 이런 식의 답변은 그 학교에서뿐 아니라 다른 아이들과의 수업에서도 종종 나오는 답변이다.

'아들이 메달을 따와서 행복할 권리'

엄마의 행복이 아들이 한 일의 결과에 좌우되며, 메달을 따와야 행복할 수 있다는 생각은 아이들이 미숙해서 하는 게 아니다. 이 사회가 강요하는 게 뭔지를 아이들이 가장 잘 느끼고 있기에 토론에서 이런 답변이 나오는 것이다.

준호를 체벌하는 광수 역시 경쟁에서 밀려난 인물이다. 부당함이 뭔지 알지만 밀려난 지금은 그렇게 해서라도 경쟁에서 우위에 섰어야 행복하지 않았을까 후회하는 인물이다. 체벌의 부당함을 기자에게 고발까지 했지만 막상 엘리트 스포츠 세계에서 배운 건 학교 수업시간에는 잠을 자고 오로지 수영 기록을 올리기 위해 사는 삶이었기에 수영 외에는 할 줄 아는 게 없다. 수영을 가르치는 일에는 흥미가 없지만 가장으로서 생계를 위해 일은 해야 하니 어쩔 수 없이 한다. 가르치는 일에 흥미가 없고, 자신이 패배자라는 인식이 불러오는 무기력까지 합쳐져 광수는 폭력을 대물림하는 모습을 보인다.

"폭력문화는 단순히 지도자나 학생의 품성문제로만 그 탓을 돌려서는 안 되며, 운동선수뿐 아니라 어떻게든 성과를 내야지만 살아남을 수 있는 지도자들 또한 희생자이다"[11]

그런데 아이러니하게도 광수는 좋아서 하는 수영이라면 과외 받지 않고 혼자서 해도 금메달을 딸 수 있다는 걸 알고 있는 인물이기도 하다. 그것은 어쩌면 자신이 가장 갖고 싶었던 기회였는지도 모른다. 좋아하는 수영을 안 맞으면서 마음껏 해보는 기회 말이다.

경쟁이 지우는 사람, 경쟁이 지우는 희망

교육이라는 명분 앞에서 체벌이 용인되는 사회가 오래 이어졌다. 특히 어른이 아이를 때리는 것은 다 아이를 위하는 일이라고 말해왔다. 영화에서 코치 광수가 준호를 체벌하고 하는 말이나 행동은 광수가 개발한 말이 아니라 체벌 후에 많은 사람이 해왔던 말과 행동이다. 이 말들은 맞고 있는 아동에게 '네가 맞을 짓을 했으니까'라는 세뇌로 이어진다. 성적이 오르지 않는 일이 '맞을 짓'으로 둔갑하여 아이들 입장에서는 권리를 침해당하고도 내가 원인을 제공한 사람이 되어버린다. 맞으면서 "죄송해요. 다시는 안 그럴게요."라고 말을 한다.

서열을 나누면 반드시 상위와 하위가 정해진다. 하위권에 속하는 사람은 자신이 패배자의 삶을 살아갈 거라고 믿게 되고, 행복하지 않은 이유는 패배자이기 때문이고, 다른 시도를 해봐야 또 패배할 거라는 영원한 패배성을 주입 받는다. 이 모든 것이 과도한 경쟁 구조 때문이지만 경쟁에 익숙해진 사람은 구조를 탓하기보다 자신을 패배자로 보는 것에 익숙해질 뿐이다. 그래서 경쟁은 실력을 높이기 위한 동기부여가 아니라, 사회가 원하는 인재를 발굴함에 있어 소수가 선발되고 나면 거기에 속하지 못한 다수를 패배자로 만드는 시스템이다.

현 시대 아이들이 무기력에 빠지는 이유는 희망이 없기 때문이다. 서열에서 반복된 소외를 경험하면 모든 경쟁에서 이길 희망이 사라지고 무언가를 좋아했던 기억도 희미해진다. 잘해야만, 결과가 좋을 가능성이 있어야만 좋아하는 게 생겼다고 말할 수 있어서 아이들은 좋아하는 게 뭔지 잘 모른다고 말하는 것에 익숙해졌다.

준호는 직접 광수를 찾아가 코치를 맡아달라고 한다. 때리지만 않는다고 약속한다면 과외를 받고 싶다고 말이다. 광수는 거절한다. 그러고는 준호에게 국가대표 시절에 자신이 썼던 물안경을 건네면서 좋은 기운을 줄 거라고 말한다.

준호는 수영대회 날 자신의 물안경과 광수의 물안경 중 망설이다가 자신의 물안경을 들고 나온다. 이 선택은 다른 것에 의존하지 않고 혼자서 해내겠다는 다짐 혹은 자신의 길을 스스로 만들어가겠다는 그 어디쯤의 은유가 아닐까. 어쩌면 준호도 알고 있었을지 모른다. 수영을 좋아하는 마음이 좋은 결과도 가져올 거라는 걸 말이다. 그리고 물 안에서 수영을 하는 동안에는 메달과 상관없이 말 그대로 마음껏 수영했다. 경쟁과 순위는 물 밖에 있는 거지 수영 자체에 있지 않다. 준호는 그저 좋아하는 수영을 계속 할 것이다.

모든 경쟁 구조를 파괴하자는 얘기를 하는 게 아니다(물론 그럴 수 있다면 좀 더 살기 좋아지지 않을까?). 지금 당장 그럴 수도 없을 것이다. 그렇지만 적어도 경쟁으로 사람이 지워지고, 사람의 안위와 행복보다 서열이 중요하다는 주장에 서서히 덜 동참하기를 바란다. 교육에서 서서히 경쟁을 빼간다면 그때야말로 비로소 '교육'이 이뤄지는 게 아닐까?

가버나움

'생존권'은 살아있음이 아니라
행복권이다

결코 천진난만할 수 없는 아이들

아동·청소년을 20년 넘게 만나오면서 잘 사용하지 않게 된 표현이 있다. '아이들은 천진난만하다', '아이들은 해맑다'라는 말이다. 아이들에 대해서 잘 모를 때는 쉽게 사용하던 말인데, 가까이에 있을수록 툭 나오지 않는 말들이다. 천진난만한 아이들, 해맑은 아이들, 순진무구한 아이들, 순수한 아이들. 우리 사회에서 아이들을 표현할 때 정말 자주 혹은 주로 사용하는 단어가 아닐까?

실제로 아이들을 설명하는 데 있어 매우 적절할 때도 있다. 하지만 쉽게 사용하지 못하는 이유는, 아이들을 오직 이런 시선으로만 보는 것에 대한 우려와 함께 우리 사회가 아이들을 이럴 수 있게 놔두고 있는지에 대해 '양심'에 부딪히기 때문이다. 과연 이 세상은 아이들이 천진난만하고 해맑고 순진무구하게 살아갈 수 있는 환경인가?

자인 알 하지. 이 아이를 만난 건 영화 〈가버나움〉을 통해서다. 어디서도 본 적 없고 만난 적 없는 아이라 눈과 마음이 끌렸는데 생각해보면 아주 새로운 아이도 아니다. 어디에선가 본 것도 같고 만난 적 있는 것 같기도 하다. 특히 어딘가 화가 나 있고 어딘가 슬픈 것 같은 표정이 그렇다.

자인은 이 세상 아이들의 고통을 모두 합쳐 놓은 아이 같다. 영화는 말한다. 자인 같은 아이가 자인만 있는 게 아니라고.

자인은 끝없이 일한다. 마트 물건들을 배달하고, 길거리에서 야채주스를 팔고, 부모의 심부름으로 위조 처방전을 들고 약국을 돌며 마약성 진통제를 구해오고, 그것을 빻아 옷에 입히는 일까지 말 그대로 닥치는 대로 일한다. 자인에게서 천진난만하고 해맑고 순진무구함은 찾아보기 어렵다. 오히려 어른들에게 거친 말로 대거리를 하거나 부모에게도 강하게 대적한다. 이 모습만 보면 자인이 성격이 어떻네, 싹수가 어떻네, 되바라졌네 등의 말을 할 수도 있겠지만 그런 말은 자인에게 어울리지 않는다. 그것은 드러난 겉모습이 아니라 태어나면서부터 살아내느라 온 힘을 바닥까지 긁어모은 사람의 마지막 저항 내지는 살아내고자 하는 의지, 아니 살아있어서 어쩔 수 없이 살아가는 종류의 것이다.

자인을 통해 우리가 당연하게 누리고 있는 것들이 결코 당연하지 않으며, 자인이 누려야 할 당연한 것들이 자인에게는 없음을 발견한다.

누군가 몇 살이냐고 물어봐서 내 나이를 말하는 것. 이 당연한 대화를 나누는 것조차 자신의 나이를 정확하게 모르는 자인 앞에서는 특권과도 같다. 자인의 나이는 어디에도 없다. 출생등록증에도, 부모의 기억에도, 자인의 대답에도 존재하지 않는다. 그저 추정할 뿐이다.

자인은 수갑을 차고 법정으로 들어와 원고석에 변호사와 나란히 앉아 있다. 수갑을 찬 이유는 범죄를 저질러서 교도소에 있기 때문이고, 원고석에 있는 이유는 누군가를 고소했기 때문이다. 수갑을 차고 교도소에 있는 이유를 스스로 알고 있느냐고 판사가 묻자,

"어떤 개자식을 찔러서요."

라고 말한다. 열두 살 정도로 추정되는 한 아이가 어떤 이유로 사람을 칼로 찔렀을까?

자인은 교도소에 갇혀 있으면서 동시에 누군가를 고소했는데 피고석에 앉아있는 두 사람의 이름에도 '알 하지'가 들어간다. 성이 같은 어른, 자인의 부모다.

"왜 고소했지?"

"나를 태어나게 해서요."

내가 원하지도 않았는데 나를 태어나게 해서 이 지옥 같은 삶을 살게 한 부모가 가해자라고 고소한 것이다. 게다가 그들은 자신에게 한 것처럼 또 범죄를 저지르려고 한다. 엄마의 뱃속에 아기가 있단다.

자인이 그토록 지키고 싶었던 동생 사하르를 끝내 지키지 못하고 하늘나라로 보냈는데 동생을 또 태어나게 한다니 이런 범죄를 저지르는 부모를 더 이상 참아낼 수가 없다.

아기를 가졌다는 엄마의 말에 자인의 표정은 더없이 슬프다.

"마음이 아프네요. 엄마 말이 칼처럼 심장을 찌르네요."

동생이 생기게 해달라고, 동생이 생겨서 기쁘다고, 동생과 어떤 장난감을 가지고 놀지 기대된다고 말하는 것과 자인의 말은 극과 극의 거리다.

살아있지만 '없는' 아이들,
태어났지만 '사라진' 아이들

유엔아동권리협약은 아동권리에 대한 최초의 국제법으로, 1989년 11월 만장일치로 채택되었으며 가장 많은 국가가 비준한 국제협약이다. 우리나라 역시 유엔아동권리협약을 바탕으로 아동권리 정책을 마련하고 있고, 아동 인권 교육 역시 이 협약을 바탕으로 이뤄진다.

아동권리협약의 기본 원칙 세 가지는 다음과 같다.

1) 만18세 미만의 모든 사람을 아동으로 정의한다.
2) 인종, 종교, 성별, 출신배경 등과 상관없이 모든 아동은 차별하지 않는다.
3) 모든 정책과 조치들은 아동을 최우선으로 고려하고 최선의 이익을 우선으로 한다.

그리고 4대 권리를 중심으로 다양한 권리를 보장한다.

1) **생존권**: 적절한 생활수준을 누릴 권리, 안전한 주거지에서 살아갈 권리, 충분한 영양을 섭취하고 기본적인 보건서비스를 받을 권리 등, 기본적인 삶을 누리는 데 필요한 권리 등
2) **보호권**: 모든 형태의 학대와 방임, 차별, 폭력, 고문, 징집, 부당한

형사처벌, 과도한 노동, 약물과 성폭력 등 어린이에게 유해한 것으로부터 보호받을 권리 등

3) **발달권**: 잠재능력을 최대한 발휘하는 데 필요한 권리. 교육받을 권리, 여가를 즐길 권리, 문화생활을 하고 정보를 얻을 권리, 생각과 양심과 종교의 자유를 누릴 수 있는 권리 등

4) **참여권**: 자신의 생활에 영향을 주는 일에 대해 의견을 말하고 존중받을 권리. 표현의 자유, 양심과 종교의 자유, 평화로운 방법으로 모임을 자유롭게 열 수 있는 권리, 사생활을 보호받을 권리, 유익한 정보를 얻을 권리 등

영화 〈가버나움〉의 자인은 아동권리협약 기본 원칙과 4대 권리 중에 무엇을 누리고 있을까? 무엇보다 가장 기본이 되어야 하는 생존권을 전혀 누리지 못하고 있다. 그렇기에 자인이 부모를 고소한 것은 권리에 있어서도 타당하다.

자인이 시장에서 만난 시리아 난민 아이가 자신은 돈을 벌어서 돈을 받고 난민 배를 태워준다는 브로커를 통해 스웨덴으로 가겠다고 하면서 이렇게 말한다.

"거기 애들은 병에 걸려야만 죽어."

스웨덴이 마치 아이들의 파라다이스인 것처럼 표현하는 말이다. 이 말은 지금 자인이 살고 있는 레바논이나 시리아 난민 아동은 병에 걸리기 전에 수시로, 다른 이유로 죽어간다는 걸 의미한다.

전 세계 사람들은 이런 죽음을 목격했다.

2015년 9월 2일 터키 해변에서 숨진 채 발견된 세 살 '아일란 쿠르디'의 사진을 기억할 것이다. 푸른색 바지에 빨간색 티셔츠를 입고 엎드려 잠자는 듯한 모습을 말이다.

이때 전 세계 사람들은 아일란을 애도하고 난민 아동에 대해 큰 관심을 갖게 되었지만 당장 우리나라만 해도 난민 아동을 받아들이고 난민을 보호하는 제도는 취약한 실정이다.

난민 아동, 이런 용어가 우리와 거리가 멀어 보이는가? 아니 그렇지 않다. 2023년 6월, 한 아파트 냉장고에서 영아 시신 2구가 발견되었는데 이와 유사한 영아 유기 사건은 계속 있어왔다. 이 아이들은 모두 출생신고가 되지 않았던 아이들이다. 2015년부터 2022년까지 의료기관에서 출생 후 임시신생아 번호를 부여받았으나 출생신고가 되지 않은 아동이 2,123명이라고 보건복지부가 발표했다. 이 아이들 중 250여 명은 사망으로 확인되었다. 아마 이들 외에도 더 많을 것으로 추정된다.[12] 출생신고가 되지 않아 어느 국가에도 포함되지 못하고 죽어간 아이들이 난민 아동이 아니고 무엇인가?

자인은 영화 속 아이가 아니다. 실제 동시대를 살아가고 있는 우리 모두의 아이들이며 이 아이들은 모두 같다. 실제로 〈가버나움〉에 등장한 배우들은 전문 배우가 아니라 영화 속과 다르지 않은 처지에 놓인 비전문 배우들이다. 주인공 자인은 레바논에서 8년을 산 시리아 난민이며 시장에서 배달 일을 하다가 캐스팅되었다. 학교에 다닌 적도 없으며 열두 살이지만 자기 이름을 쓰지 못했다고 한다. 나딘 라바키 감독은 자인 알 하지를 연기한 자인(등장인물과 동명)을 발견했을 때의 인상을 이렇게 말했다.

"자인은 거친 세상과 부딪히며 어린 시절을 잃어버리고 어른이 돼버린 아이처럼 보였다."[13]

우리가 영화에서 보았던 그 모습 그대로 자인은 살아가고 있었다.

아동의 권리 중 생존권을 얘기하면 아동이 살아있고 출생신고가 되어서 먹고살면 되는 거라고 단편적으로 생각할 수 있다. 가끔 어른들은 아이들에게 이렇게 말한다.

"너네가 부족한 게 뭐니? 밥을 못 먹니, 옷을 못 입니, 집이 없니? 이렇게 다 해주는데 뭐가 부족하니?"

생존권과 관련해 헌법 제10조는 인간은 존엄과 가치, 행복을 추구할 권리가 있으며 국가는 기본권을 보장할 의무가 있음을 규정하고 있다. 즉 생존권은 살아있을 권리를 넘어 행복을 추구할 권리다. 우리나라 아동 사망 1위가 오랜 세월 '자살'인 것은 '생존권'이 지켜지지 않고 있다는 반증이기도 하다.

최근 아동학대 사건과 영아 유기 사건으로 아동 인권에 대한 관심이 높아지면서 정책도 한발씩 진화하고 있다. 독일은 아이가 태어나면 부모와 의료기관 등에 모두 출생신고의무가 부여된다. 만약 부모에 의한

출생신고가 가능하지 않은 경우에는 출생 현장에 있거나 출생에 대해 알게 된 사람에게 출생신고 의무가 있다.[14]

우리나라도 2024년 7월 19일부터 출생통보제가 시행되어 의료기관 등이 아동 출생 정보를 지자체에 통보하도록 하여 부모가 출생신고를 한 달 안에 하지 않으면 직권으로 출생을 기록한다.[15]

아이들이 오직 행복을 추구하며 현재 삶을 살아가도록

아동 권리 감수성을 얘기하면서 한 가지 하고 싶지 않은 말이 있다. 그건 저출생을 해결하기 위해 아동 인권에 관심을 가져야 한다는 얘기다. 아동 인권은 기능이 아니라 아이들의 삶이기 때문이다. 지금 살아가고 있는 아이들이 위협받지 않고 고통 없이 행복을 추구하며 현재 삶을 사는 데 있어 아동 주변을 둘러싼 어른들과 사회 전체가 아동의 인권을 인지하고 있어야만 아동 권리 감수성을 높일 수 있다.

영화 〈가버나움〉 안에서 아이들이 고통을 겪는 것은 비단 부모만의 잘못이 아니다. 기본적으로 아동에 대해 유독 존엄하다는 인식이 낮기에 이제 막 초경을 시작한 열한 살 사하르를 마트 사장에게 닭 몇 마리에 팔고, 미등록 이주민의 아이인 요나스는 숨어서 지내야 하고 급기야는 영원히 다른 나라로 팔려갈 뻔한다. 자인은 무책임한 국가와 어른들과는 다르다. 강한 책임감을 가지고 동생 사하르를 지키기 위해 데리고 떠날 결심을 하고, 자신과 아무 관련이 없는 아이 요나스를 돌보기 위해 최선을 다한다.

출생신고서와 돈을 브로커에게 주면 스웨덴으로 떠날 수 있다는 말에 자인은 오랜만에 집으로 돌아온다. 출생신고서만 가지고 이 지긋지긋한 삶에서 떠나기 위해서. 그렇지만 하다못해 케첩 병에도 이름과 제조사, 유통기한이 있는데 자인에게는 출생신고서가 없었다. 자인과 자인의 동생들은 태어나자마자 죽은 사람이었다. 그리고 사하르를 더 이상 볼 수 없다는 사실을 알게 된다. 마트 사장에게 팔려간 후 2~3개월 만에 임신을 했고 하혈을 하다 병원 문턱에서 죽었다는 것이다.

자인은 태어나서 지금까지 내내 쌓여왔던 분노가 터져 나온다. 이것이 자인이 수갑을 차고 소년 교도소에 있게 된 이유이다. 그리고 자인은 방송 프로그램에 전화를 걸어 자신을 이렇게 살게 한, 태어나게 한 부모 아니 세상을 고발했던 거다.

우리에게는 자인을 지켜야 할 의무가 있는데 오히려 자인이 모두를 지키는 사람이 되었다. 마침내 출생신고서 사진을 찍을 때의 자인의 미소는 영화 내내 모두가 간절하게 원했던 모습이다. 분노와 슬픔으로 가득한 수많은 자인을 웃게 할 수 있는 것은 내 눈이 닿지 않는 곳까지 눈을 뻗어보는 것, 오직 그것이다. 눈이 더 많이 가서 닿으면 죽어가는 아이가 없게, 사라지는 아이가 없게 할 수 있지 않을까?

우리들
빌리 엘리어트

〰〰〰〰〰〰〰〰〰〰〰〰〰〰〰〰〰〰〰〰〰

아이들의 무엇이
존중받고 있을까?

〰〰〰〰〰〰〰〰〰〰〰〰〰〰〰〰〰〰〰〰〰

이 책을 쓰기 위해 구상하는 과정에서 할 말이 아주 많다는 걸 발견했다. 그동안 20년 넘게 만나온, 학교 안과 밖의 청소년들, 가정 안과 밖의 아이들, 기관과 시설의 아이들 등 다양한 환경과 여러 정서 유형의 아이들이 직접 하지 못하는 얘기들을 잘 정리해서 전달하고 싶었다. 아동 권리에 대해 얘기하려니 아이들의 삶을 얘기할 수밖에 없고, 아이들의 삶을 얘기하자니 수많은 아이의 삶을 어렴풋이 묶거나 굳이 분류할 수밖에 없음이 아쉬웠다. 영화에 등장하는 한 아이가 겪어내는 삶을 대표성으로 아이들의 현실을 인권과 연결하다 보니 쓰면 쓸수록 할 말이 많아지는 느낌이었다.

그러다 이 책의 쓰임에 대한 기대로까지 이어졌다. 책을 읽고 같이 고민하고 고민이 일상에서의 대화와 인권 활동으로 이어지면 가장 좋겠고, 영화 몇 편을 기억했다가 영화를 볼 때 아동 권리와 연결해서 보면 또 좋겠고, 이전에 자신이 봤던 영화인데 이렇게도 볼 수 있구나 새롭게 발견하면 또 좋겠고, 차례만 훑어보다가 눈에 들어오는 영화를 그냥 보는 것만으로도 좋겠다 싶다. 영화를 더 많이 소개하고 싶었고, 소개하고픈 영화들을 놓고 어떤 내용을 쓸까, 내가 잘 소개할 수 있을까를 고민하다가 선택하지 않은 영화도 있다는 것도 알리고 싶다.

그래서 몇 편을 소개하자면, 〈아무도 모른다〉는 먹먹함이 너무 깊어서 이 깊이를 언어로 표현할 자신이 없었다. 영화를 보는 것 이상으로 내가 할 수 있는 일이 전혀 없다는 자신 없음을 신뢰한다. 〈줄무늬 파자마를 입은 소년〉은 두 아이의 대화를 기록하고 싶었다. 둘의 대화를 전하는 것만으로도 결코 다르지 않은 두 아이를 철조망 하나로 완전히 다르게 만들어버리는 현실을 고발하고 싶었다. 다만, 현실을 고스란히 보여주는 이 얘기가 감정이입 없이 줄거리가 전달되면 지금 시대와 동떨어진 이야기라고 영화가 오해받을까 봐 망설여졌다.

가장 오래 욕심으로 쥐고 있던 영화가 〈보이 후드〉이다. '성장'에 대해 우리 사회가 얼마나 협소한 정의를 내리고 있는지 말하려는데 자꾸 내용이 인문학으로 표현되는 걸 보고 이 영화는 다른 주제로 함께 하기로 기약하고 내려놓았다. 〈레이디 버드〉, 〈진짜 일어날지도 몰라 기적〉, 〈캡틴 판타스틱〉 등 욕심나는 영화가 많았지만 어떤 영화는 욕심을 내려놓고 해석을 맡기는 차원에서, 어떤 영화는 욕심만큼 잘 전달할 자신이 없어서 내려놓았다. 내려놓은 영화들을 소개하는 이유는 이렇게라도 '오, 이 영화!'라는 발견을 나누고 공감을 구하고 싶어서다.

그런 가운데 욕심이 도무지 내려놔지지 않아서, 아니 그보다 그래도 이 얘기는 꼭 해야지 싶어서 〈우리들〉, 〈빌리 엘리어트〉 두 편을 한꺼번에 소개하는 글을 마련했다. 아이들이 살아가고 있는 삶의 한 주제를 선명하게 보여주는 영화들에 기대어 감정, 진로에 대한 대화를 시작해보려 한다.

영화 〈우리들〉, 아이들의 감성은 존중받고 있을까?

친하게 지낼 때 우리는 긴밀해진다. 긴밀하다는 말은 관계가 가까워서 빈틈이 없다는 뜻인데 친한 친구가 별로 없던 선이와 지금 막 전학 온 지아는 순식간에 친해졌다. 꼭 붙어 다니며 서로의 긴밀한 얘기들을 말하고 듣고 보게 되면서, 이렇게 비밀과 고민을 나누는 것이 친하다는 증거 같아서 좋기만 했다. 그러다 틈이 벌어지는 순간 둘만 알고 있는 서로의 이야기는 더 이상 긴밀할 수가 없고 오히려 가장 날카롭게 서로의 취약한 부분을 파고든다. 친할 때는 서로의 약한 부분을 채우며 토닥여줬는데 이제는 그게 무기가 되어 가장 아프게 찌른다. 어디가 가장 아픈지 알기에….

이 영화의 후기들을 보면 자신에게도 비슷한 경험이 있었고, 그 시절의 아픔과 기억이 떠올라서 아프기도 하고 치유가 되기도 했다는 자기고백식의 소감이 많다. 누구든 선이의 입장과 지아의 입장과 보라와 반 친구들의 위치에 한 번씩은 서 봤을 것이다. 나 역시 초등학교 때 엄마가 없다는 이유로 놀림을 당했던 기억과 시험 때면 친한 척했던 아이와 최선을 다해 맞춰주려고 노력했던 기억도 떠올랐다. 이 영화는 각자의 아픈 그 시절을 만나게 하는 섬세하고 깊숙한 감성을 잘 전달해준다.

그런데 거기에 그치지 않는다. 그 시절을 지나온 입장에서 잠시 감상에 젖게 하는 게 아니라 한 사람으로서의 이야기와 관계와 감정을 누구든(그게 어른이든 아이든) 동일시하게끔 생생히 보여준다. 흐름과 변화, 선택과 망설임, 분노와 연민 같은 것들 말이다.

영화 제목이 '아이들'이 아니라 '우리들'인 이유는 영화를 보는 우리(특히 어른)를 등장인물과 동일시하도록 이끌어내기 때문이다. '그 시절

그랬었지'가 아니라 '우리들' 안으로 흡수시킨다. 지금 당장 선이가 되고 지아가 되고 보라가 된다. 그렇게 연결된 후에는 "아이들이 귀엽네"라든가, "그때는 왜 저랬을까?" 혹은 "어릴 때는 뭘 모르니까 저렇게 행동하지"라는 말은 나올 수가 없다. 선이, 지아, 보라, 반 아이들의 감정이 지금 어른이 된 우리 감정과 조금도 다르지 않다는 걸 눈치 챘다. 우리는 지금도 저마다의 감정과 시선에 따라 비겁한 선택을 하거나 회피하거나 상대가 먼저 다가와주기를 기다리거나 용기를 내거나 그러며 살고 있다.

감성이라는 용어는 자기 자신의 마음과 자신과의 관계라고 앞에서 이야기했다. 자신의 마음을 알아차리는 영역이자 힘이라고 할 수 있는데, 감성이 풍부한 사람일수록 타인의 감성을 잘 알아차릴 가능성이 높다. 자신의 마음을 알아차리는 빈도와 범위가 넓으니 여러 타인의 마음과 겹치는 영역이 많을 것이기 때문이다. '이 마음이겠구나'라고 자신의 감정에 빗대어 짐작해볼 수 있으니 감성과 감수성은 연결되어 있다.

선이와 지아 그리고 자칫 악역처럼 보이는 보라까지 섬세한 마음들이 고스란히 전달되는 이유는 이 영화가 우리를 그렇게 이끄는 덕분이기도 하지만, 그 마음들이 우리의 어릴 적 혹은 지금 우리의 감성과 매우 비슷하기 때문이다. 아이 시절의 마음과 어른 시절의 마음이 모두 그때의 삶을 이끌어가는 중요한 요소이고 뭐 그렇게 다르지 않기 때문이다.

사회 안에서 아이들의 감성은 존중되고 있을까? 나이가 어릴수록 우리 사회는 감정에 대해 무시하는 경향이 있다. 무시한다는 것은 인정하지 않는다는 의미다. 나이가 어리면 미성숙하고 그래서 감정도 미성숙할 거라고 생각하고는 아이들의 감정을 쉽게 '취급'한다.

"그때는 다 그래."

"별일 아니야."

"지금 그런 거에 신경 쓸 때야?"

특히 친구를 비롯한 인간관계에서 느끼는 세밀하고 강력한 감정을 "걔랑 놀지 마", "너도 같이 때리지 그랬어?" 등으로 쉽게 건너뛴다. 주변 어른들의 이런 반응은 자신의 마음을 더 들여다보고 이 감정이 어느 부분에서 비롯된 건지 알아차리는 감성을 쉽게 지나치거나, 과도하게 절제하거나, 눌러놨던 감정이 엉뚱한 곳에서 폭발하는 등의 모습으로 나타난다. 감정을 느끼는 것에서부터 오류가 생기니 타인의 마음을 알아차리는 감수성에 영향을 미치고 결국 소통에 어려움이 따른다.

한 사람을 존중한다는 것은 감정을 존중하는 것에서 출발한다. 아이들의 감정을 어려서 그렇다, 미성숙하다, 중요하지 않다고 무시하는 게 아니라 지금의 나와 동일한 크기로 듣고 반응하고 함께하는 것이 아동 권리 감수성의 시작이다. 그리고 이는 감성과 감수성으로 연결되는, 자신 주변을 인지함으로써 이루어지는 소통을 배우는 길이기도 하다.

선이와 지우가 심하게 다툰 다음날, 피구 시간에 반 친구들은 지우에게 '금 밟았다'며 '빨리 나가라'고 입을 모아 말한다. 지우는 자신은 금을 밟지 않았다고 억울해하지만 아이들은 믿지 않는다. 선이는 마침내 선택한다. 지우의 말을 믿기로.

"지우 선 안 밟았어. 내가 봤어."

이 선택까지 선이는 사건과 자신의 마음을 수없이 곱씹고 쪼갠 후에 우선순위를 발견했을 것이다. 자신은 지우와 계속 친구를 하고 싶다고 말이다. 이렇듯 아이들은 자신의 감정이 안내하는 길을 잘 가고 있다.

〈빌리 엘리어트〉, 자기 자신을 경험하는 게 진로다

"빌리, 발레에 관심을 갖게 된 계기가 뭔지 말해보겠니?"

"모르겠어요. 그냥요."

"그럼 발레의 어떤 점이 좋았니? 특별히 끌린 점이라도 있었니?"

"춤추는 거요."

"춤출 때 어떤 느낌이 들지?"

"모르겠어요. 그냥 기분이 좋아요."

로열발레스쿨 오디션에서 면접관의 질문에 빌리는 주로 "모르겠어요", "그냥요"라고 대답한다. 대답만 놓고 보면 발레에 별다른 마음이 없는 것 같고 오디션에 임하는 자세에 진지함과 성의가 느껴지지 않는다. 열망과 간절함을 담아 최선을 다해 또박또박 대답을 해도 모자랄

판에 '모르겠어요'라니…. 그렇지만 영화를 본 관객들은 빌리가 얼마나 발레를 간절하게 하고 싶어 하고 좋아하는지 알고 있다. 그럼 빌리는 왜 그렇게 대답했을까? 어쩌면 빌리의 대답은 무성의한 게 아니라 가장 진실한 대답이 아니었을까? 질문에 대한 꾸밈없는, 있는 그대로의 대답. 진짜 모르겠어서 모르겠다고 한 거고, 진짜 이유가 없어서 그냥이었던 거다.

사람은 저마다 개성이 있고 다르다고 말한다. 이 말을 인문학에 가깝게 표현하면 고유성이고, 사회학에 가깝게 표현하면 다양성이라고 할 수 있겠다. 사람의 다름은 무수히 많지만(아니 어쩌면 모든 게 다르다) 각자 좋아하는 게 다르다는 사실은 신기하기까지 하다. 분명 좋아하는 이유를 말할 수 있지만 그건 어쩜 이미 좋아해버리고 나서 붙인 말들일지 모른다. 언제부터 좋아하게 됐는지 모르겠고, 이미 좋아하고 있고 왜 좋아하는지 설명할 순 있겠지만 그것보다 훨씬 이전에 '그냥'이 시작이었을지도 모른다.

빌리 역시 처음에는 여자애들이나 하는 발레라며 자신은 권투를 해야 한다고 말하지만 발레를 배우러 다음 시간에 오겠냐는 질문에 오겠다고 답한다. 자신의 생각과 다르게 '반응하고 있는 자신'이 있다. '반응하는 자신'은 반응할수록 커져서 어느 순간 '여자애들이나 하는 발레'라는 생각을 하던 자신은 사라져버리고 기꺼이 권투 대신 발레를 배우고, 발레를 배우기 위해 자기가 할 수 있는 모든 시도(숨어 있다가 가기, 몰래 가기, 거짓말하고 가기 등)를 한다.

'꿈은 이루어진다'는 문장은 꿈 영역에서 단연코 유명해서 '꿈' 단어 뒤에 '이루어진다'는 서술이 자동완성처럼 떠오른다. 꿈이 지닌 힘은 이루어지기를 바라는 간절함에 있는데 어느새 꿈 자체보다 이루어진다가 더 권력을 가지게 된 듯하다. 꿈이 먼저 있고, 그 꿈이 이루어지면 좋겠다를 넘어서 이루어지지 않는 꿈은 섣불리 말하거나 간직하기 어려워져 버렸다. 꿈은 현재 자신이 좋아하고 앞으로도 좋아할 것 같은 것, 그래서 삶의 방향을 잡고 목표를 향해 나아가도록 돕는 에너지를 주는 단어인데, 이룰 수 있는지 없는지를 지금 가진 재능을 기준으로 가늠하는 말이 되었다. 아이들은 그냥 관심이 가고 좋아하는 것을 꿈이라고 말하기 어려워졌고, 시간에 따라 변화되는 흥미를 스스로 관찰할 시간을 갖지 못하게 되었으며, 해당 분야에 두각을 나타내지 못하면, 재능이 없으면, 이룰 가능성이 낮으면, 잘하지 못하면 좋아한다고 말하기 어렵게 되어버렸다.

이처럼 '성공', '성취'라는 용어에 너무 많은 걸 내주었다. 좋아하는 게 뭔지 모르겠다고 말하는 아이들이 점점 많아지는 이유는 정말 몰라서도 있지만 쉽게 말하기 어려워서 숨기려는 의도이기도 하다. 관심이 가고 좋아한다고 말하려면 재능이 있거나 그래서 뭘 하려고 하는지, 성공할 가능성이 있는지를 먼저 따져보도록 강요당한다. 그래서 아이들은 관심과 흥미가 가는 어떤 것이 생겨도

'이 정도 좋아해서 좋아한다고 말할 수 있을까?'

'좋아한다는 걸 뭘로 증명할 수 있지?'

등의 의심으로 좋아하는 마음을 축소한다. 좋아하는지, 하고 싶은지, 관심이 생기고 더 알고 싶은지를 알 수 있는 유일한 존재가 자신인데 살피기도 전에 좌절하거나 체념하는 데 익숙해졌다. 잘해야만 좋아한다고 말할 수 있는 자격이 생기는 것 같아 성적이나 재능이 모자라다고 생각하는 아이들은 '그런 것이 없는'에 머물게 된다.

또한 아이들에게는 시간도 없다. 자신이 무언가를 좋아하는지 스스로의 반응을 살필 시간, 즉 내가 뭘 할 때 에너지가 솟아오르는지, 어떤 칭찬과 비판에 더 민감한지, 쫑긋하며 저절로 귀 기울이는 얘기는 무엇인지, 사람들과 함께하는 것이 좋은지, 혼자 파고드는 게 잘 맞는지 등을 관찰할 여유가 없다. 자신이 어떻게 살고 싶은지 진로를 정하는 데에는 시간이 필요한데 도통 기다려주지 않는다. 그러면서 빨리 꿈을 정할수록 좋다고 압박한다. 또 당시에 유행하는 직업군을 자신의 적성과 상관없이 양육자의 선택으로 고려해야만 한다. 최근 주목받은 '초등 의대반'처럼 말이다.

좋아하는 게 없다고 말할 수밖에 없는 또 하나의 이유는 기회가 없어서다. 빌리 역시 오직 권투의 기회만 주어졌다. 다행(?)스럽게도 탄광 파업으로 발레 연습실을 식당으로 이용하게 되면서 권투체육관 한 켠에서 발레 교습이 이루어지는 덕분에 빌리는 발레에 반응하는 자신과 만날 수 있었다. 그렇지 않았다면 도통 왜 이렇게 몸을 현란하게 움직일 수 있는데도 정작 권투는 못 하는지 자신은 아무 재능이 없다고 결론을 내리거나, 권투를 하면서 왜 행복하지 않은 건지 모르지만 마음

한구석이 뻥 뚫린 채로 살았을지도 모른다.

양육자의 환경에 따라 아이들의 교육 격차, 즉 경험 격차가 생긴다. 하지만 양육자가 사회 안에서 경제 우위를 가지고 있다고 해서 반드시 여러 경험을 하는 건 아니다. 오히려 선행 학습과 학원, 과외 등으로 경험이 협소해질 가능성도 있다. 그렇기에 아이가 자신을 발견할 수 있는 교육 시스템이 사회 안에 구축되어야 한다.

학교가 이런 시스템이 되면 가장 좋겠지만 아직도 입시가 큰 자리를 차지하고 있기에 학교 이외의 다른 기관(지역아동센터, 늘봄학교, 청소년문화의집, 방과후학교 등)이 이러한 역할을 할 수도 있다. 이들이 학교 교육을 보조하는 형태가 아니라, 학교에서 경험할 수 없는 문화 경험, 예술, 인문학, 정치, 관심분야 읽고 쓰기 등의 경험을 제공하고 이를 예산으로 뒷받침할 수 있다면 그래도 조금은 격차를 줄일 수 있지 않을까?

이 모든 변화는 아이들의 진로가 미래에 어떤 직업을 가질 것인가에 국한되지 않고 자기 자신을 관찰하고 경험할 기회를 갖는 것이라는 사회의 인식 전환이 바탕이 되어야 가능하다. 아이들에게 미래가 더이상 설레거나 기대되거나 마음껏 자신을 펼쳐낼 시간이라고 느껴지는 게 아니라 불안하고 두렵고 점점 좁아지는 느낌이 드는 이유는, 뭔가를 이루지 못하면 아무 존재도 아니게 될 거라는 사회의 협박 때문이다.

〈빌리 엘리어트〉가 영화를 보는 내내 울림을 준 것은 빌리가 춤을 출 때의 표정과 눈빛, 활기찬 움직임, 아예 발레를 모르기에 배우는 과정이 힘들지만 계속 하는 모습, 발레를 하면 할수록 확신이 생기는 모습, 마침내 확신의 힘으로 아빠한테 저항하고 무서워하면서도 아빠 앞에서 춤을 추는 모습들이다.

좋아하는 것은 이토록 힘이 세다. 꿈은 미래에 힘을 주는 게 아니라, 품고 있는 지금에 힘을 준다. 그렇지만 이 사회는 꿈 자체가 주는 힘에는 관심이 없는 것 같다.

진로에 대한 정의를 내릴 마음은 없다. 다만 이 사회가 조금은 진로에 대해 덜 협박적이면 좋겠다는 마음이다. 아동 권리에는 자신의 잠재 능력을 최대한 발휘할 수 있는 기회를 가질 권리가 포함되어 있다. 그런데 능력을 발휘할 기회를 얻기도 전에 좌절부터 느끼게 하고 있는 건 아닌지, 아니 이미 너무나 그러고 있다고 알리고 싶다.

"처음엔 좀 어색하지만 일단 추게 되면 모든 걸 잊게 돼요. 그리곤… 잊게 돼요. 내가 아닌 것처럼요. 내 몸이 변하는 느낌이 들어요. 마치 불이 붙은 것처럼 뜨거워져요."

로열발레스쿨 오디션에서 빌리가 받은 마지막 질문은 어떤 동작을 특히 잘하는지, 춤을 누구한테 얼마 동안 배웠는지가 아니라 춤을 출 때 어떤 느낌이 드는지였다. 이 느낌이 앞으로 빌리가 배우는 데 얼마나 큰 동력이 될지 알기 때문이 아니었을까?

지금보다 더 많은 아이들이 꿈 앞에 주눅 들지 않고 빌리처럼 말하는 세상을 우리는 만들어갈 수 있을까? 적어도 관심이 생기기 시작했을 때 잘해낼지 못해낼지보다 관심이 더 커지는지 금세 사라지는지 관찰할 수 있는 시간을 주는 세상이 되면 아이들이 조금은 더 자유롭게 꿈꿀 수 있게 되지 않을까?

'가성비 혼내기'만 하지 않아도
존중하는 것

　'가성비 혼내기'라는 말을 들어본 적 없는 사람이라 하더라도 설명을 하면 누구나 한번쯤은 경험했거나 본 적이 있다고 떠올릴 거다. 가성비는 '가격 대비 성능 비율'의 줄임말로, 내가 투자한 것보다 더 좋은 결과를 얻는 걸 일컫는다. 그렇다면 가성비 혼내기는 말 그대로 조금 혼내고 큰 효과를 본다는 건데 어떤 상황을 말하는 걸까?

　예를 들어, 수업 중에 아이들이 모두 조금씩은 집중을 안 하고 떠들고 있다. 수업 분위기가 잡히지 않고 점점 흐트러지는 것 같아서 신경이 쓰이던 그 순간에 도드라지게 장난을 치는 한 아이를 발견한다. 이 아이를 향해

　"야, 너! 왜 이렇게 집중 안 하고 잡담이야. 지금 수업하고 있는 거 안 보여?"

하고 큰 소리로 혼을 내면 이를 계기로 아이들이 모두 긴장하고 일순간 조용해진다. 이처럼 한 아이를 다른 아이들이 지켜보는 가운데 집중적으로 혼내는 것, 이것이 가성비 혼내기다.

　이렇게 하면 그 순간에는 단번에 분위기가 잡히는 '효과'가 있겠지만 길

게 보면 역효과가 크다. 그 순간의 조용함은 한 아이의 무안함을 발판으로 했기 때문에 무안해진 아이는 '내가 떠들어서 혼났구나.'라는 반성보다는 '애들 앞에서 창피를 당했다'는 감정이 먼저 올라온다. 이어서 '다른 애들도 떠들었는데 왜 나만 갖고 그래. 내가 만만한가?'라는 생각과 함께 자기가 잘못했다기보다는 억울하다는 입장이 되어버린다. 선생님이 알려주려고 한, 수업시간에 집중해야 한다를 배우는 게 아니라 '선생님은 나한테 창피를 준 사람'이 되어 그 다음부터 지적을 받을 때마다 더 기분이 나빠진다.

그래서 한 아이의 행동을 지적할 때는 지켜보는 다른 사람이 없는 상황, 즉 일 대 일의 환경에서 말을 해야 효과가 있다. 한 아이가 상황에 맞지 않게, 어긋나게 행동했다고 해서 다른 사람 앞에서 창피를 당하는 것까지 겪어야 하는 건 아니다. 다른 아이들 앞에서 반복해서 혼난 아이는 자신을 혼낸 사람은 물론이고 그걸 지켜본 다른 애들도 싫어져서 자발적 소외를 선택하거나, 억울함이 쌓여서 별것 아닌 다른 일에 억울함을 증폭시키기도 한다.

가끔 "창피를 당해봐야 깨닫는 거 아닌가요?"라고 말하는 경우가 있는데 같은 상황에서 어른이라면 창피를 주지는 않을 거다. 창피를 이용하기보다는 정확하게 알려줘야 한다. 정확하게 알려주기 위해서는 다른 사람의 시선이 최소화되어 있고 신경이 분산되지 않는 환경에서 짚어서 설명해줘야 하며 그래야 효과도 커진다.

물론 지금 당장 행동을 멈추게 해야 할 때도 있을 것이다. 그럴 때는 최소한으로 주의를 주고, 해당 시간이 끝난 뒤 잠시 따로 시간을 내서 아까 행동에 대해서 잘못된 부분과 타인에게 주는 불편이 무엇인지, 앞으로 어떻게 해야 하는지를 알려주는 게 훈육의 차원에서도 효과가 있다.

　아이를 존중한다고 말하지만 실제로 그러한지는, 한 아이에게 때와 장소에 맞는 행동을 알려주는 상황에서 창피와 무안함을 최소화하면서 알려주려고 하는지, 창피함을 이용하는지를 생각해보면 된다. 이는 학교 등의 수업에서뿐만 아니라 가정에서도 마찬가지다. 자녀 중 한 아이를 혼내야 하는 상황일 때 가능하면 다른 형제 자매가 지켜보지 않는 일 대 일의 상황에서 말을 건네는 것을 적극 권장하고 싶다. 아이에게 벌을 줄 때 창피를 이용한 역사가 있다. 옷을 벗겨서 내쫓거나 다른 사람들이 지나다니는 복도 등 통로에 벌을 세워서 내가 혼난 사실을 전교생이 알도록 했던 역사. 다른 사람 앞에서 무안을 주는 일, 창피를 주는 일, 무시하는 일은 모두 존중과 반대의 행동임을 기억하자.

3장

다정하고 친절한
어른이 되겠다는
약속

개를 훔치는
완벽한 방법

나는 지금 한 아이에게
어떤 어른일까?

아이들의 성장을 있는 그대로 봐주는 시선

듣는 것만으로도 따뜻해지는 말들이 있다. 친절한, 상냥한, 다정한, 희망, 온기 같은. 누군가가 누군가에게 따뜻함을 보여주는 모습을 묘사한 말, 들으면 힘이 나는 말들이다. 사람과 사람이, 그리고 이 사회가 이런 말들로 채워지면 좀 더 많은 사람이 지금보다 더 행복하지 않을까? 적어도 차별, 혐오, 편견, 선입견, 싸늘한, 냉랭한, 외로운과 같은 말들보다는 더 많아졌으면 좋겠다.

영화를 볼 때 관객은 1차로 감독의 눈을 따라간다. 감독이 그려낸 인간의 모습을 따라가다가 2차로 자신의 눈을 대입하게 되고, 3차로 감독의 눈과 자신의 눈을 결합한 해석에 이르게 된다. 영화를 보고 감동하고, 깨닫고, 발견하고, 느끼는 것들은 감독의 눈과 자신의 눈의 결합이라 할 수 있다.

이러한 결합을 강요하거나, 과잉되거나 협소해지지 않게 하면서 잘 안내하는 감독의 영화를 만나는 것은 관객 입장에서 행운이다. 애쓰게 하지 않으면서, 감정을 내어놓으라고 다그치지 않으면서, 우리가 보아야 할 것을 보게 하는 영화를 만나면 우리의 해석, 즉 시선이 달라지기도 한다.

여기 그런 영화가 있다. 뭘 얘기하려고 하지 않으면서 많은 얘기를 하고, 잔잔히 보여주지만 분명하게 보여주는 〈개를 훔치는 완벽한 방법〉이 그 영화다.

"훔칠 개를 정했어."

맞다. 이 영화는 제목 그대로, 열 살의 '지소'가 개를 훔치기로 결정하고 실행에 옮기는 과정을 그린다. 아이가 나쁜 짓에 해당하는 훔치기를 해내려고 치밀한 계획을 세우는 과정을 '따뜻한 마음으로' 지켜보게 만드는 영화…. 아, 말로 설명이 안 될 것 같으니 사정을 들어보기로 하자.

지소는 갑자기 차 안에서 생활하게 됐다. 아빠와 함께 집이 사라지고 아빠가 운영하던 피자가게 차인 작은 승합차 안에서 엄마와 동생 지석과 생활하게 되었다. 차 안에서 먹고 자고, 빨래를 널고, 일어나서 학교를 가고, 학교 마치고 차로 돌아온다. 캠핑카 비슷한 생활이지만 지소는 집이 없어서 어쩔 수 없이 차 안에서 생활하는 게 불편한 것은 물론이고 이솝우화에 나오는 그 어떤 존재보다 불행하다고 생각하고 있다.

어느 날 말도 없이 사라진 아빠, 평범하게 집에서 가족들과 살았던 삶이 송두리째 달라진 것을 생각하면 지소를 비롯한 가족의 마음이 오죽할까 싶다. '일주일만' 차에서 산다던 엄마의 말과는 달리 벌써 한 달이 넘었고 학교 친구들은 물론이고 누가 볼까 봐 지소는 불안하고 속상하다. 게다가 곧 생일이 다가오고 있어서 다른 애들처럼 집에 친구들을 초대해서 즐거운 생일파티를 하고 싶은데 엄마 분위기를 보니 왠지 이대로 계속 차에서 살 것 같다.

지소의 마음을 잠시 짐작해보자면, 약속한 일주일이 지나면서부터 더 불안해졌을 것이다. 아빠가 돌아와서 어서 이 모든 상황이 해결되었으면 하는 희망으로 매일을 보냈을 것이며, 학교 마치고 차로 돌아올 때마다 희망이 깨지고 다시 다음날 희망을 가지는 걸 반복하며 한 달을 보냈을 것이다. 희망의 크기가 점점 작아지면서 이대로 살게 되는 건 아닌지, 이대로 아빠를 못 보게 되는 건 아닌지, 이보다 더 안 좋아져서 거지가 되는 것은 아닌지 애써 참고는 있지만 엄마와 동생에게 짜증을 많이 내는 걸 보니 불안이 커져 서서히 화로 표현되고 있었을 것이다. 가장 친한 친구 채랑에게 자신이 차에 살고 있다는 걸 들켰을 때 결국 이 마음들이 눈물로 툭 터져 나왔다.

"이제 나랑 다니는 게 쪽팔릴 거야. 우리는 진짜 거지가 될지도 몰라. 아니 벌써 거지인지도 몰라. 이제 너네 엄마가 나랑도 못 놀게 할 거야. 절대로 원망 같은 거 안 할 거니까 이제 내 친구 안 해도 돼."

그동안 수없이 마음속으로 생각했던 불안을 각오했다는 듯이 채랑에게 털어놓는다.

"그냥 계속 친구하자."

아무한테도 말하지 않겠다는 약속과 함께 채랑은 지소가 가장 바라는 대답을 했고 지소가 집을 구하는 작전에 가장 든든한 파트너가 되어 준다. 개를 훔치는 일에 팀원이 생긴 것이다. 자, 그렇다면 집을 구하는 것과 개를 훔치는 일은 어떤 연관이 있을까?

지소의 목표는 개를 훔치는 것 자체가 아니다. 집을 구하기 위한 수단으로 개를 훔치려는 것이다. 우연히 발견한 '잃어버린 개를 찾아주면 500만 원을 사례하겠다'는 전단지에서 영감을 얻었고, 그 전단지를 보기 이전에 '평당 500만 원'이면 전셋집을 구할 수 있다는 말을 아이들 사이에서 접하고는 500만 원을 구해야겠다는 목표를 세운 것이다. 지소는 아직 평당이 1평을 뜻하는 게 아니라 분당 같은 동네 이름이라 생각하고 있다. 찾아주면 사례하겠다는 전단지는 이미 개를 찾았기 때문에 소용없어졌지만 개를 훔치면 분명 500만 원 사례금 전단지가 붙을 거고, 다시 강아지를 돌려주고 500만 원을 받아 전셋집을 구하면 더 이상 차에서 살지 않아도 되고 생일파티도 할 수 있다는 기가 막힌 전략이다.

어떤 개를 훔칠지를 선정하는 것부터 개를 훔쳐내는 방법과 잘 데리고 있다가 돌려주는 과정까지 계획을 세운다. 관객들은 영화를 보면서 아이들의 계획이 치밀하다는 것에 놀라고, 500만 원이면 집을 구할 수 있다고 믿는 모습에 웃음이 나고, CCTV를 빠뜨리는 등 치밀하지만 허술하기도 한 이들의 전술을 채워주는 동생 지석의 의외의 활약이 신기하다.

이쯤에서 우리 진지하게 고민하고 답을 해보자. 아이들이 개를 훔치는 이 작전이 성공하기를 바라야 할까, 실패하기를 바라야 할까? 영화를 본 사람이라면 이 질문에 결코 대답하기 어렵다. 왜냐하면 영화는 '나쁜' 일을 꾸미는 아이들을 판단하는 어른의 시각이 아니라, 지소, 채랑, 지석의 시각을 따라가는데 어느새 우리도 이들과 시각을 같이하기 때문이다. 지소가 아이라서 나쁜 일인지 모르는 게 아니라 '어떻게 사람이 한 번도 나쁜 짓을 안 할 수가 있어?' 하며 오직 집을 구할 수 있는

500만 원에 꽂혀 있어서 어떤 판단이 끼어들 틈이 없이 지소의 심정이 되어 함께하게 된다. 그건 개를 잘 훔치기를 바라서라기보다는 지소가 행복해졌으면 하는 마음이 커져 있기 때문이다. 개를 훔치는 것, 집을 구하는 것, 생일파티를 하는 것, 아빠가 돌아오는 것, 그 무엇이든 지소가 행복했으면 좋겠는 마음 하나. 지소도 길을 좀 잘못 들긴 했지만 행복하기 위해 열심히 가고 있다. 영화는 그렇게 판단을 접어두고 지소의 마음을, 시선을 따라가기로 마음먹은 것 같다.

아이들은 우연보다 선택을 통해 성장한다

계획은 순조롭기 어렵다. 계획을 세울 때 '우연'을 짐작하기 어려우니까. 아이들은 엄마가 잠시 일했던 식당 마르셀의 주인인 노부인의 개 '월리'를 훔치기로 결정했고, 한 번의 실패를 발판으로 드디어 개를 데리고 오는 것에 성공한다. 그러나 훔친 게 아니라 데리고 오게 된 것인데, 그 이유는 우연이 끼어들었기 때문이다. 마르셀 노부인의 유산을 물려받을지도 모를 월리를 없앨 계획을 세운 노부인의 조카 그리고 노부인의 재산을 노리는 사기꾼의 등장, 월리를 찾겠다는 500만 원 사례금이 적힌 전단지가 붙여지지 않는 것 등 지소의 계획은 생각하지 못한 일들 때문에 전혀 다른 방향으로 흘러간다. 그리고 훔칠 작정이기는 했지만 노부인의 조카에게서 월리를 구해내는 형태로, 훔친 것+보호하는 것의 모양이 되었다. 그리고 월리와 같이 있다 보니 집을 잃고 아빠와 떨어진 자기네 모습처럼 월리가 불쌍해진 데다 노부인이 월리를 죽은 아들의 분신처럼 생각하고 있는 사연까지 알게 된다. 결론을 바로 소개하면, 우연과 우연이 겹쳐지면서 지소는 자신의 생각이 경솔했다는 걸 깨닫고 500만 원과 상관없이 월리를 데려다준다. 애초에 자신이 월리를 훔치려고 했었다는 걸 들키지 않아서 이제 조용히 돌아서 나오면 아무 일도 없었던 게 될 거다. 그런데…

'나는 그 순간 내 평생 가장 힘겨운 일을 해냈다. 할머니에게 모든 사실을 털어놓은 것이다.'

모든 것이 다 잘된 것 같아서 돌아서면 되고, 돌아서고 싶기도 했을 거다. 사례금을 받은 것도 아니잖아 하면서 스스로 합리화를 할 수도 있었을 거다. 이 모든 선택지를 버리고 지소는 말한다.

"사실은 제가 월리를 훔쳤어요."

자신이 왜 개를 훔치는 계획을 세웠는지에 대해, 개를 훔치는 과정에서 있었던 일과 마음이 바뀐 일에 대해, 그렇지만 자신의 행동이 잘못되었다고 반성하는 마음을 담아 고백한다.

아이라고 쉬웠을 리가 없다. 아니 아이라서 더 쉽지 않았을 수도 있다. 왜냐하면 어른 대 어른으로 얘기하는 게 아니라 아이가 어른 앞에서 자신의 잘못을 스스로 고백하기 위해서는 말하는 순간의 긴장과 말하고 나서 어떤 일이 벌어질지에 대한 두려움까지 넘어서야 하기 때문이다. 노부인에 대한 신뢰가 있었기에 가능했더라도, 자신을 향한 시선이 변하는 것에 대한 두려움도 넘어야 했을 테니 지소 말대로 가장 힘든 결정이었을 거다. 그렇지만 지소는 자신의 잘못을 숨기고, 모든 잘못을 노부인의 조카에게 뒤집어씌우고 도망가는 것이 더 내키지 않았던 모양이다. 용기를 내서 자신의 잘못을 고백한 이 경험은 지소에게 평생 남을 것이 분명하다. 우리들의 어떤 기억처럼….

이 장면에서 영화를 보는 그 누구도 지소가 자신의 잘못을 말하지 않고 그대로 나가기를 바라지 않을 것이다. 오히려 그대로 문을 나설까 봐 조마조마하지 않았을까? 이렇게 거리를 두고 보면 무엇이 좋은 결정이고, 지소 자신을 위해서도 좋은 행동이 무엇인지 쉽게 알 수 있다. 문제는 나에게 당면했을 때 그것을 알아차릴 수 있느냐인데, 지소는 그걸 알아차리고 행동으로도 옮겼다.

지금 처해 있는 상황을 해결하기 위해 치밀하게 계획하고 실행하는 과정에서 또 다른 어른들의 계획으로 인해 수많은 우연이 일어난다. 그 우연은 지소를 뜻하지 않은 상황에 놓이게 한다. 이런 우연 역시 지소를 변하게 하는 요소이지만 무엇보다 지소를 변하게 하는 건 공감과 선택이다. 내가 선택할 수 없는 우연보다 내가 선택할 수 있는 것들이 우리를 더 성장시킨다.

지소는 처음 집에서 나와 차 안에서 잘 때 차 창문에 비친 자신의 눈빛과 훔쳐낸 월리의 눈빛이 꼭 닮아 있음을 발견한다. 세상 어떤 이야기보다 자신이 가장 불쌍하다고 생각했는데 자신이 월리를 똑같이 불쌍하게 만들었다는 것을 점차 알아차리면서 공감하고 미안해한다.

그래서 지소는 월리를 데려다주며 사과한다.

"월리 내가 미안했어. 내가 너무 나만 생각했어. 너도 나와 마찬가지로 집이 필요한데 말이지. 미안. 널 기다리는 사람이 있어. 나도 내가 기다리는 사람이 빨리 돌아왔으면 좋겠는데…."

지소는 이제 보이지 않던 것들을 보기 시작한다. 누구보다 불안하고 힘들 테지만 내색하지 않고 애써 긍정하고 있는 엄마의 마음을, 부자라서 행복하기만 할 것 같은 노부인에게 아들과 오해한 채로 영원히 이별했던 아픔이 있다는 걸, 월리 덕분에 가까워진 노숙인 아저씨가 사실은 딸이 있고 딸을 몹시 보고 싶어 한다는 걸 말이다. 그리고 자신의 잘못된 생각과 행동이 누군가를 아프게 할 수 있다는 것도.

지소는 공감을 통해 자신만을 향하던 시선을 더 넓혔고, 자신의 잘못을 고백하는 선택을 통해 성장했다. 또한 지소의 선택으로 월리와 노부인 그리고 훔치는 팀원들이었던 채랑이와 지석이도 비로소 자기 자리를 찾게 했다. 이제 지소는 아는 것 같다. 나쁜 방법으로 자신이 원하는 걸 이루기보다는 자신의 상황을 잘 받아들이고 그 안에서 행복을 찾는 것도 중요하다는 걸. 우리가 우리의 선택으로 지금까지 성장해왔듯, 지소 역시 지소의 선택으로 삶의 정수를 찾아냈다. 아니, 우리도 지소처럼 잘 선택하고 잘 찾아내고 있겠지?

나는 지금 마주친 한 아이에게 어떤 어른일까?

이 영화는 지소의 생각과 경험과 선택을 쭉 따라간다. 따라가는 길에 예상치 못한 일들을 만나고 생각지 못한 변화와 마주한다. 그리고 그 사이사이에 여러 어른들과 만나며 대립하기도 하고, 오해하기도 하고, 이용하기도 하고, 보호받기도 한다.

먼저 눈여겨볼 것은 놀라우리만치 부모의 개입이 최소화되어 있다는 점이다. 아빠는 어느 날 잠적했고 그로 인해 살던 집에서 쫓겨난 일 이후에 어떤 영향력도 발휘하지 않고 심지어 왜 갑자기 사라졌는지 구구절절 사연도 소개되지 않는다. 결말 부분에서도 아빠는 가족들이 만든 전단지로 잠시 등장할 뿐 지소의 계획과 실행과 반성과 성장 과정에 어떤 역할도 하지 않는다. 아빠는 우리를 버린 게 아니라 길을 못 찾고 있을 뿐이고 우리를 보고 싶어 할 거라는 지소의 믿음 속에서만 존재할 뿐이다.

엄마는 어떠한가? 지소와 차 안에서 티격태격 싸우는 모습이 주로 비춰지고 엄마의 감정 설명과 노력 역시 최소한으로 보여준다. 지소에게 일어난 일을 엄마가 알고 있는지, 지소가 엄마에게 설명했는지도 영화에서는 보이지 않는다. 엄마와 아빠의 영향권에서 벗어날수록 지소가 마주친 어른들과의 접점이 더 부각될 수 있기 때문이리라.

노부인의 조카 수영은 지소에게 그리 좋은 어른은 아니다. 아이들이 마르셸에 갈 때마다 반기지 않는 것은 물론이고, 주로 "니가 뭘 알아?", "어서 나가, 빨리." 등의 말을 한다. 월리를 두고 둘은 대립 관계다. 월리를 훔쳐서 잘 데리고 있다가 돌려주려고 하는 지소와 월리를 영영 없애버리려는 수영이 우연하게 겹치면서 지소는 수영으로부터 월리를 지켜내야 하는 역할에 놓이게 된다. 수영은 고모의 유산을 교묘하게 빼돌리려 작전을 짜고 아이를 무시하고 자기 목적을 위해 윌리를 해치려는 악당에 가깝다. 그렇지만 악당이라고 하기에는 다소 유약한 면도 있어서 지소는 거뜬히(?) 수영을 이겨낸다.

노부인은 지소에게 다정하지만 엄격한 어른으로 함께한다. 윌리를 찾아주겠다며 사례금 500만 원의 전단지를 만들라고 제안하는 지소의 말에 노부인은 눈치를 조금이라도 챈 건지, 아무것도 모르고 있는지 초월한 표정으로 순순히 그렇게 하라고 한다. 사기로 마르셀 식당에 압류딱지가 붙고 있을 때 노부인은 마르셀 식당 벽에 걸려있던 그림을 그린 아들의 이야기를 지소에게 툭 건넨다. 지소는 자신에게 가장 가슴 아픈 이야기를 담담히 털어놓는 노부인에게 나이 차이와 상관없이 연민을 느끼고 이는 노부인과 윌리의 연결을 잠시라도 끊어낸 자신의 잘못을 깨닫는 계기가 되기도 한다. 그래서 지소 역시 노부인에게 자신의 잘못을 용기 내어 말할 수 있었는지 모른다. 자신에게 마음을 내어준 어른이라 자기가 속이면 안 되겠다는 생각, 모든 것을 말해야겠다는 결심.

지소가 자신의 잘못을 고백했을 때 노부인은 지소에게 이렇게 이야기한다.

"힘든 시간들을 겪다 보면 어쩔 수 없이 나쁜 짓도 하게 되는 법이지. 그렇다고 해도 네가 한 짓은 정말 나쁜 거야, 지소야. 그건 변하지 않아."

지소의 힘든 상황을 이해는 하지만, 그렇다고 해서 나쁜 짓이 희석되지는 않는다고, 또 과정에서 좋은 행동도 있었으니 괜찮다고 말하지 않고 분명하게 일러주는 어른의 모습을 보인다. 불편한 감정을 실어서 호되게 혼내거나, 지소 자체를 '나쁜 아이'라고 지칭하지 않으면서 알려줘야 할 것을 알려주는 어른. 그리고 이어서,

"내일 와서 월리 산책시켜 주겠니? 대신 맛있는 아이스크림 주마."

나쁜 짓이라는 걸 분명히 알려주고 용서도 함께 내밀어서 지소가 잘못을 만회할 틈을 가만히 열어준다.

이제 지소에게 가장 큰 영향을 준 어른인 노숙인 아저씨에 대해 말할 차례다. 아빠의 자리를 대신한 사람이라고 설명하고 싶지 않은 이유는 우리가 살면서 만나는 많은 인간관계를 굳이 가족관계로 대입하지 않고 지소와 노숙인 아저씨 사이를 인간관계 혹은 우정으로 봐도 좋지 않을까 싶어서다.

노숙인 아저씨가 종이박스 더미나 빈집 마당에서 자는 게 지소는 쉽게 이해되지 않는다. 옷차림을 비롯해서 이런 사람은 일단 무서워해야 한다는 선입견이 지소에게도 있는 것 같다. 빈 피자상자 더미에서 피자 쿠폰을 찾고 있던 지소에게 쿠폰을 불쑥 내미는 아저씨의 한쪽 손은 손가락이 세 개다. 그때부터 지소는 노숙인을 '손가락 세 개인 아저씨'로 부른다. 노숙인 아저씨는 어떠한 접점으로 지소와 계속 마주치고, 자신만의 방식으로 지소를 일깨우는 역할을 한다. 노숙인 아저씨의 방식은 '가르치지 않음', '들추지 않음'이다. 이 방식은 꽤 어렵다. 왜냐하면 아

이 스스로 성찰할 힘이 있다고 믿어야 하기 때문이다. 지소의 서툰 걸음에 넌지시 방향에 대한 힌트를 주는 정도로 곁에 머문다.

"아저씨는 왜 이렇게 살아요?"라는 질문에 노숙인 아저씨는 왜 이렇게 사는지를 답해주는 게 아니라, "이렇게 사는 게 어때서?"라며 대답과 질문 중간 정도의 말로 되돌려준다. 그러고는 지소가 묻지 않았지만 궁금해할 만한 혹은 들려주고 싶은 자신의 사연을 솔직한 마음을 보태어 말해준다.

아저씨는 지소가 월리를 훔친 것을 분명 알아챈 어른인데

"그러면 못쓴다."

"얼른 돌려줘야지."

등의 수직적인 말은 일절 없고 이렇게 말할 뿐이다.

"월리 닮은 개를 찾는 전단지가 붙었더라고. 신기한 건 그 개 이름도 월리더라."

추궁하지 않으면서, 지소가 하고 있는 거짓말에 "그거 아니잖아." 하고 반론하지 않으면서 지소가 스스로 찔리게 만드는 데 재주가 남다르다. 그렇게 곁에 머물며 우정의 모양과 가까우면서도 허세부리지 않는 도움으로 지소가 월리를 잘 구할 수 있게 함께한다.

이 영화는 지소가 자신과 타인을 향한 시선이 확장되는 과정을 흥미롭게 보여준다. 차 안에서 사는 것이 다른 사람에게 어떻게 비춰질지 너무나 신경 쓰이고, 생일파티를 성대하게 하는 것에 몰두되어 이기적

인 계획을 세웠지만 그 과정에서 다양한 모습의 어른들을 만나면서 다른 사람의 이야기에 귀 기울이는 아이로 한 뼘 성장한다. 우리 모두가 그랬던 것처럼 말이다.

우리 모두는 지소처럼 다양한 어른과 선택을 통해 자신과 타인을 이해하며 살아왔다. 그리고 우리 또한 아이들에게 어느 순간 어느 어른으로 만나진다. 한 아이와 만나는 순간 우리는 어떤 어른의 모습일까? 이 질문을 함께 품고 싶어서 이 영화를 나눈다.

자전거 탄
소년

한 아이에게
다정하다는 것

'다정하다' 말은 어떤 의미일까?

최근 3~4년 사이에 '다정함'이라는 용어에 더 관심을 갖게 되었는데 이는 아동 권리에 대한 관심과 연구가 깊어진 것과 관련이 있다. 아동 권리에 대해 공부하고 강의를 할수록 결국은 아이들과의 접점에서 하는 말과 행동이 핵심이라는 결론에 도달했기 때문이다. 아동 권리는 이론이나 학문 영역으로 일상과 동떨어져 어느 날 문득 접하는 정보가 아니라, 지금 당장 눈앞에 있는 한 아이에게 한 사람이 어떤 눈빛과 말과 손짓을 보내는가의 문제라는 걸 매번 발견한다. 그러면서 (인권은 선택의 영역이 아니라 반드시 존중해야 하는 거지만) 더 나은 걸 선택할 수 있고, 더 나은 선택지는 '다정하게'라는 결론을 내렸다. '다정하게'는 시각의 표현이자 행동 지침이라 할 수 있다.

한 사회가, 한 학교가, 한 가정이, 한 어른이 한 아이와 함께하는 접점에서 다정한가, 다정하지 않은가를 살필 때, 그리고 다정한 사람 혹은 다정하지 않은 사람이 여럿 모일 때 그것이 인권 문화가 된다. 다정한 여럿이 모여서 만든 문화는 아이들에게 안전과 평화를 제공할 것이고, 다정하지 않은 여럿이 모여서 만든 문화는 아이들에게 불안과 공포를 제공할 것이다. '그래, 다정하면 되는구나'라는 단순한 문제처럼 보이지만 이는 복합적이고 탄탄한 의식과 철학이 기반이 되어야 한다.

이 말을 질문으로 먼저 나눠보겠다.

'다정하다'는 게 뭘까? 여러분은 어떤 모습을 보고 다정하다고 느끼는지 궁금하다. 또 평소에 다정하다는 말을 자주 듣는지 또는 자주 하는지도 궁금하다.

진화의 승자는 최적자가 아니라 다정하게 협력한 개체들이었다는 논리를 바탕으로 서술한 책 《다정한 것이 살아남는다》에서 저자는 다정함에 대해 이렇게 설명한다.

"다정함은 일련의 의도적 혹은 비의도적 협력, 또는 타인에 대한 긍정적인 행동으로 대략 정의할 수 있는데, 다정함이 자연에 그렇게 보편적으로 존재하는 것은 그 속성이 너무나 강력하기 때문이다. 인간 사회에서 다정함은 친하게 지내고 싶은 누군가와 가까이 지내는 단순한 행동으로 나타나는가 하면, 어떤 공동의 목표를 성취하기 위해 협력을 통해 누군가의 마음을 읽는 등의 복합적인 행동으로 나타나기도 한다."

다정함은 친밀해지고 협력하고자 하는 의도를 포함하기도 하고, 어려움에 처한 낯선 이를 선뜻 돕는 것처럼 의도가 없기도 하다. 많은 사람들은 분명 타인과 다정하게 연결되기를 바라며, 내가 누군가를 향해 다정하거나 누군가가 나에게 다정할 때 안도할 수 있다. 이 안도감은 결코 밀쳐내지 않는다는, 혼자가 아니라는 안전을 확신할 때 느끼는 감정이다. 특히 다정함에 목적이나 의도가 없을 때는 더욱 그렇다.

우리가 다른 사람의 눈빛에 대해 얘기할 때 표현이 참 신기하다. 실제 온도계로 재보는 것도 아니면서 "눈빛이 따뜻하다", "눈빛이 차갑다"라고 말한다. 따뜻한 눈빛은 어떤 모습이고, 차가운 눈빛은 어떤 모습이라고 설명하기 어렵고, 설명한다 한들 알아들을 수가 없다. 왜냐하면 마주하는 순간 그냥 직관적으로, 감각적으로 알기 때문이다.

이렇게 눈빛은 물론이고 말투와 사용되는 단어와 구성, 말과 행동 안에 들어 있는 느낌까지 완벽하게 일치가 되어야 우리는 다정하다고 느낀다. 이중에 하나라도 요건을 갖추지 못하면 다정함을 구현할 수 없다. 다정함은 또한 기복이 없어야 하고 지속되어야 한다. 어떨 때는 따뜻하고 어떨 때는 차가운 사람에게 우리는 다정하다고 말하지 않는다.

이 책은 아이들에게 다정하자고 썼으니 이 시점에서 나 스스로도 '나는 아이들에게 다정한가?'라는 질문을 해보고, 이 질문을 나란히 앉아서 같이 해보자고 권하고 싶다. 나아가 '우리 사회는 아이들에게 다정한가?'라는 질문으로까지 이어지면 좋겠다. 이 질문들에 대한 답인 다정한 사람이 어떤 사람인지 정의를 같이 내려보고 싶은데 말로 설명할 게 아니라 사람으로 보여줄 수 있으면 더 명료해질 것이다. 그래서 영화에서 발견한 다정한 사람을 소개하려 한다. 바로 '사만다'.

오직 하나, 옆에 누군가 있음

영화 〈자전거 탄 소년〉의 사만다로 인해 다정함에 대해 온전한 정의를 내릴 수 있었다. 이 말을 굳은 심지로 간직하고 여러분에게 전달하려 한다.

'다정함이란, 상대방을 불안에 떨지 않게 하는 것'

시릴은 다급하고 조급하고 전전긍긍하고 다른 사람의 말은 도무지 듣지 않는 사나운 고집이 있는 인물이다. 이 영화를 만든 감독 다르덴 형제의 영화 촬영 기법대로 관찰자로서 시릴을 지켜본 초반의 얇은 판단은 그렇다.

많은 영화가 등장인물에게 감정이입하도록 여러 장치를 제공하는데 이 영화는 감정이입을 먼저 하게 두지 않는다. 시릴의 고집스럽고 분주한 움직임을 옆이나 뒤에서 따라다니게 관객을 위치시킨다. 시릴의 눈이나 표정은 물론이고 주변 사람들이 시릴을 대하는 모습, 시릴이 주변 사람에게 내뿜는 감정들까지 정보를 취합해보면 시릴은 보육원에서 골칫덩어리가 분명하다. 아빠가 이미 같이 살던 집을 정리하고 사라졌다고 아무리 얘기해도 믿지 않고, 더 이상 연결되지 않는 전화를 계속 걸고, 짐이 다 빠지고 비어 있는 집에 기어코 들어간다. 전화기를 빼앗는 어른을 물어버리고, 담을 넘어 달아나려고 하고, 기어이 밖에서도 사람들을 속이고 이리저리 달아나려고 기를 쓴다.

"제발 진정해. 진정하고 현실을 받아들여."

얇은 판단을 한 관객으로서 아이를 진정시키고 싶다. 그러다 어느 순간 시릴이 다르게 보이기 시작한다. '저 아이 왜 저리 고집을 부려?' 하는 얇은 판단에 머물지 않고 가만히 지켜보니 아이는 너무나 간곡해 보인다. 얇은 판단에 그대로 묶여 있었다면 아이의 행동이 불편했겠지만 영화가 가진 힘, 관찰의 시간이 길어지니 그간의 모든 행동을 아우르는 시릴의 감정은 '간곡함'인 듯하다.

세상에 유일한 가족인 아빠가 자신을 두고 떠났다는 말을 절대 믿지 않으려는 간곡함, 아빠가 분명 보육원에 한 달만 있으면 온다고 했던 말에 기대는 간곡함, 자신이 그토록 좋아하던 자전거를 아빠가 설마 자신과 의논도 없이 팔아버린 게 아닐 거라는 간곡함. 온갖 간곡함이 모여 시릴을 그토록 고집스럽고 사납고 다급하게 만들었다는 걸 알게 된다.

시릴이 등장할 때부터 (영화가 시릴의 사연을 구구절절 설명하지 않았더라도) 이 간곡한 심정을 보려고 했다면 좋았을 텐데 조금 더 시간이 지나서야, 조금 더 시릴과 같이 다녀보고 나서야 그것이 보였다. 시릴의 행동이 조마조마하고 제발 진정했으면 하는 마음에서 벗어나 아빠가 어떻게 된 건지, 부디 시릴에게 아빠의 소식이 닿기를, 자전거를 찾기를 바라는 마음으로 시릴을 본다.

그런데 나는 더 관찰하고 나서야 발견한 간곡함을 단번에 알아본 사람이 있다. 시릴은 보육원 사람들을 따돌리기 위해 병원으로 도망을 치는데, 그 병원에 손님으로 대기하고 있던 사만다를 거세게 껴안는다. 안는다기보다는 다급하게 아무나 붙잡은, 아니 역시 간곡하게 엉겨붙은 사람이 사만다였다.

"살살 잡아줄래?"

세상에! 문제를 일으키고 어른들에게 쫓기는 게 분명한 낯선 아이가 자신을 껴안고 바닥으로 같이 넘어졌는데 '잡지 말라, 왜 이러냐'가 아니라 살살 잡아달라니.

이후 시릴을 먼저 찾아온 것은 사만다였다. 시릴이 그토록 찾아 헤맸던, 아빠가 자신에게 묻지도 않고 팔아버린 '크롬 포크가 달린 검정 자전거'를 찾았다면서. 아빠가 돈을 받고 판 사람에게서 다시 돈을 주고 사온 것이다. 시릴에게 자전거가 어떤 의미인지 사만다만 알고 있는 것 같다.

시릴의 주말 위탁모 제안을 사만다가 받아들이고 주말마다 시간을 같이 보내며 둘은 시릴의 아빠를 찾는 일에 동행한다.

시릴 곁에 선 사만다의 마음은 무엇일까? 사만다의 남자친구가 "나야, 쟤야?" 하고 물을 때도, 제발 동네 나쁜 짓을 하는 아이와 어울리지 말라는 말을 시릴이 듣지 않을 때도, 시릴이 자신의 팔을 찌르고 기어이 나가서 범죄에 동참하고 돌아와 다시 같이 지내고 싶다고 말할 때도 사만다는 그냥 묵묵하게 그 자리에 있다. 시릴의 곁에 그냥 그렇게, 유일하게.

이 영화는 등장인물의 마음과 의도를 상세하게 설명하기보다는 일련의 행동과 사건을 나열하는 식이다. 그래서 사만다가 시릴을 돕고 함께 하는 사연, 마음, 의도를 알 수 없지만 그래서 사만다가 더 대단해 보이는지도 모르겠다. 어쩌면 나의 어쭙잖은 짐작으로 도달할 수 없는, 사연과 의도 없이 그냥 시릴 옆에 있어줘야 할 것 같아서 있는 것인지도 모르겠다. 시릴이 이러이러하게 변했으면 좋겠다는 목적도 없이 그냥 있는 거 말이다.

시릴은 지금까지 불안정한 관계만을 경험해왔을 거다. 아빠가 말도 없이 시릴을 떠나버린 건 그동안 계속 있어왔을 불안불안한 조짐의 정점이었을 거다. 시릴은 누구도 믿지 못함과 동시에 웨스같이 자신을 범죄에 이용할 의도를 가지고 다가오는 사람의 손을 덥석 잡는 아이이기도 하다. 처음 사만다가 주말에 전화하겠다고 했을 때, "안 할 거 알아요."라고 한 대답이 이런 정서를 잘 보여준다. 누구도 믿지 못하겠지만 누구라도 붙잡고 싶은 마음.

사만다는 계속 문제를 일으키고 불안정한 시릴 곁에 있다. 시릴이 불안에 떨지 않을 때까지 다정하게 말이다.

흔한 구원자와 흔치 않은 구원자

사만다를 보면서 영화 〈굿 윌 헌팅〉의 숀 교수가 떠올랐다. 자신의 똑똑한 머리와 언변으로 여러 상담사들을 조롱하고 취약점을 찾아 먼저 밀어내는 윌 헌팅 곁에 끝까지 버티는 인물이다. 양부에게 학대와 버림받은 경험으로 인해 또다시 버림받을까 두려워 먼저 할퀴는 윌 헌팅에게 숀 교수가 몰아붙이지 않고 계속 곁에 있으며 알려주고 싶어 한 것은

"너는 좋은 아이이고, 너에게 일어난 일은 네 잘못이 아니야."

였다. 이 말을 처음부터 냉큼 하지 않고 자신을 조롱하고 밀어내는 윌 헌팅과 다투면서도 버텼던 이유는 윌이 준비될 때까지, 마음 안에 이 말이 들어갈 수 있는 틈이 생길 때까지 기다리기 위해서였다.

또 책 《창가의 토토》의 고바야시 교장선생님도 생각났다. 고바야시 선생님은 어디로 튈 줄 모르고 엉뚱한 질문과 행동으로 거듭 다른 학교에서 쫓겨난 토토에게

"너는 착한 아이란다."

라고 말한다.

고바야시 교장선생님은 토토가 전학 신청을 하기 위해 학교에 간 첫날 이렇게 말한다.

"자, 이제부터 무슨 얘기든지 좋으니까 선생님한테 얘기해보렴. 얘기하고 싶은 것 전부."

말썽쟁이에 이상하고 적응하지 못하는 아이로 낙인되었던 토토는 고바야시 교장선생님 덕분에 자신의 고유성을 지켜내며 잘 자라서 그 경험을 토대로 《창가의 토토》 책을 썼다.

다시 〈자전거 탄 소년〉으로 돌아와서, 사만다가 어쩌면 환상적인, 빛과 같은, 그래서 현실에는 없는 존재라고 말할지도 모르겠다. 그러나 우리는 이따금 목격한다. 숀 교수나 고바야시 선생님 같은 어른, 그리고 아이 곁에서 아이를 원망하지 않으며 명랑하게 버티는 많은 학교 선생님과 지역아동센터 선생님, 청소년지도자 선생님과 쉼터와 보육원의 생활지도 선생님처럼 한 아이의 곁에 머물러주는 수많은 어른을 말

이다.

우리에게 아주 익숙하고 흔한 구원이 있다. 동화 속 공주가 마녀의 저주에 걸려 위기에 빠지고, 정의로운 왕자가 나타나 마녀를 물리치고 진정한 사랑의 키스로 공주의 저주가 풀리게 하는 구원, 드라마에서 주인공이 난감한 상황이나 사건에 휘말릴 때마다 우연하게 지나가던 인물이 도와주고 문제를 해결하는 구원, 지구에 외계인이 침범해 인류가 멸망할 수도 있는 절체절명의 상황에서 누군가 자신의 모든 능력을 동원해 인류를 지켜내는 구원. 이런 구원은 드라마와 영화에서 흔히 볼 수 있는 구원이지만 실제 현실에서는 발 벗고 찾아다녀도 발견하기 어려운 구원이다.

시릴 곁을 유일하게 지키는 구원자인 사만다 역시 흔하지 않은, 시릴 같은 한 아이에게 결코 나타나지 않는 구원일지 모른다. 그렇지만 분명한 것은 한 아이 곁에 있는 사만다 같은 어른이 왕자나 히어로보다는 많다는 사실이다. 그리고 누구라도 여기에 동참할 수 있기에 누구나 구원자가 될 수 있다는 점이다. 한 아이의 버거운 행동보다 아픔을 먼저 보려고 하는 것, 잠시 마주쳤지만 따뜻한 눈빛으로 바라보고 다정하게 말을 건네는 것, 실수했다는 타박보다 이미 충분히 잘하고 있다고 응원해주는 것만으로도 찰나에 사만다가 될 수 있고, 아이의 인생에서는 더 오랜 기억으로 힘이 될 수도 있다.

시릴과 사만다는 화창한 날에 나란히 자전거를 타고 달린다. 청량한

풀밭에 앉아 샌드위치를 먹다가 "저녁에 뭐 할까?"라며 저녁 계획을 세운다. 둘은 이웃을 초대해서 바비큐 파티를 하기로 하고는 마트에서 먹거리를 산다. 그런데 마침 마트에 숯이 떨어져서 시릴이 사가기로 하고 둘은 집에서 보기로 한다.

시릴은 주유소 마트에서 숯을 사고 돌아오는 길에 웨스의 사주로 자신이 범죄를 저질렀던 피해자를 만난다. 피해자의 아들은 시릴을 보자 분노를 표출하며 돌을 던지며 쫓아오고 시릴은 나무 위로 도망치다가 돌을 맞고 바닥으로 떨어진다. 한동안 일어나지 못하던 시릴은 이윽고 정신을 차리고 일어나는데 병원에 가자는 말에 "아뇨"라고 말하고는 조용히 자신의 자전거로 돌아온다. 숯을 다시 챙기고 넘어진 자전거를 세워서 타고 사만다가 있는 집으로 향하며 영화가 끝난다.

시릴은 상대의 분노에 맞서 분노하지 않고 그저 일어난 일을 묵묵하게 받아들인다. 자해할 정도로 불안정한 감정을 표출하던 시릴이었는데 그냥 일어나 돌아올 뿐이다. 자신이 저지른 일을 감당하는 듯이, 가야 할 곳을 안다는 듯이 차분하게 움직일 뿐이다. 성급하고 조급하고 사나웠던 모습은 없다. 시릴은 사만다와 자전거를 타면서도, 얘기를 나눌 때도 안정된 느낌을 준다. 샌드위치를 건네고 사만다에 대한 질문을 하는 모양새가 제법 다정하다. 시릴도 분명 지금 자신의 모습을 가장 원했을 거다.

사만다의 탄탄한 다정함이 시릴에게 더는 불안해하지 않아도 된다는 확신을 갖게 했고, 시릴 안에 있던 다정함이 자연스럽게 흘러나오는 모습을 볼 수 있어서 감사한 영화다. 우리의 다정함으로 한 아이가 자신이 가진 다정함을 편안하게 드러내도록 하는 게 진정한 구원이 아닐까?

늑대아이

온전한 성장,
'발달권' 들여다보기

'부적응'은 누구 기준의 용어일까?

    몇 년 전 청소년 캠프에서 만난 한 아이는 나의 신념 중 하나를 거세게 흔들었다. 2박 3일 동안 전국 지역아동센터에서 만 14세부터 18세 청소년 100여 명이 팀을 나누어 인문학, 소통, 미션 수행 등 다양한 프로그램을 하면서 자신과 서로를 알아가는 시간이었다. 순조롭게 분위기가 무르익어 마지막 날 밤 저녁에는 레크리에이션 프로그램이 진행되었다.

    "♬ 다같이,

    오른손을 안에 넣고,

    오른손을 밖에 내고,

    오른손을 안에 넣고,

    힘껏 흔들어. ♪ ♩"

    호키포키 노래 가사에 맞춰서 팀별로 춤을 추는 시간이었는데 한 아이가 전혀 춤을 추지 않고 가만히 서 있는 거다. 같은 팀 아이들은 그 아이를 계속 살피면서 가사에 맞춰 동작을 하며 충실하게 춤을 췄지만 그 아이는 아무 소리도 안 들리는 것처럼 차렷 자세로 가만히 서 있었다. 발랄한 노래 소리와 현란한 조명 그리고 모두가 들뜬 분위기 속에서도 가만히 서 있는 아이의 모습에서 나는 적잖이 충격을 받았다.

    '그래! 춤을 안 출 수도 있는 거구나.'

내가 놀란 것은 춤을 안 추고 있는 그 아이가 아니라, 정해진 프로그램에 맞춰서 모두가 적극적으로 참여하는 분위기에서 '안 할 수 있다'는 생각을 그동안 한 번도 해보지 않았다는 사실이었다. 나는 학교 다닐 때는 물론이고 어떤 상황에서도 '적극적으로 참여하는' 아이였기에 '참여하지 않는' 선택을 해본 적이 없다. 적극적으로 참여하고 싶어서 한 적이 많았지만, 하고 싶지 않을 때에도 그 상황이 '주문하는 모습'에서 벗어난 다른 모습을 선택한 적이 없고 그렇게 할 수 있다는 생각 자체를 해본 적도 없다. 그렇기에 그 아이의 모습은 너무나도 신선하게 다가왔다. 그 아이는 캠프 동안 다른 시간에는 매우 열심히는 아니더라도 잘 참여하는 모습을 보였기에, 호키포키 댄스 팀 미션을 안 하는 게 '그냥 모든 것에 참여하고 싶지 않은' 게 아니라 '선택'이라는 걸 알 것 같았다.

내가 가까이 다가가자 그 아이는 경계와 약간의 날카로움과 시큰둥 중간 즈음의 눈빛으로 나를 쳐다봤다.

"○○아, 오늘 너한테 하나 배웠어. 나는 지금까지 하지 않는다는 걸 생각해본 적이 없는데 덕분에 하지 않을 수도 있다는 걸 새롭게 알았어. 하는 것이 힘이듯이 하지 않는 것도 힘이라는 것도."

아이는 처음에 내 눈과 표정을 유심히 보며 내 말이 비꼬는 건지, 진심인지 파악해보려는 듯한 눈빛을 띠더니 곧 긍정의 느낌으로 고개를 끄덕였다. 잠시 서로 마주보면서 눈빛 속에 뭔가 통하는 느낌이 들었고 캠프가 끝날 때까지 눈이 마주칠 때마다 그 느낌은 이어졌더랬다.

한발 더 나아가 생각하면 그 아이는 참여를 하지 않은 것도 아니다. 팀별로 나와서 둥그렇게 설 때 같이 나와서 자기 위치에 서 있기도 하고 다른 팀이 하는 걸 지켜보기도 하면서 그 자리에 함께하는 것으로 이미 참여하고 있었다. 그런데 프로그램에 '적극적으로' 참여하는 모습을 기준으로 거기에 부합하지 않으면 안 하는 애 혹은 열심히 안 하는 애로 분류 딱지를 붙여왔던 것이다.

많은 교육이 이렇다. 나름 잘 만들어서 제공하는 교육 내용에 잘 따라오는 아이를 적응 잘하고 적극적이고 열심히 하는 일명 모범생이라 부른다. 그리고 교육 내용을 잘 따라오지 않는 아이를 부적응으로, 열심히 안 하는, 반항하는 아이로 치부하는 경우가 많다. 특히 나의 경우는 전자의 경험만 있어서 다른 모습에 대한 이해도가 많이 부족했다. 교육에서 주문하는 모습 이외에 다른 걸 행할 수도 있다는 것에 대해 말이다.

나는 그날부터 이전부터 의구심을 갖고 있던 용어를 더욱 강한 의구심을 가지고 들여다보기 시작했다. 그리고 이 용어를 우리 사회가 충분히 검토하지 않고 있다는 확신이 들었다.

'부적응'

종종 일반학교에서 학교 시스템에서 벗어나 보이는 학생들을 부적응 학생이라 부르고, 부적응이 학교 중단으로 이어질 때 '학업중단예방' 교육을 하는 등의 노력을 한다. 학교 안과 밖의 경계에 있는 아이들에게 관심이 많았기에 이러한 프로그램을 통해 아이들을 만날 기회가 많았는데, 그럴 때마다 시스템이 한 가지일 때의 부작용을 발견하게 된다. 시스템은 구축되고 나면 그 자체로 잘 돌아가는 힘을 갖게 되지만, 이 힘은 시스템을 벗어난 것들을 '오류'로 본다. 학교라는 시스템에서 요구하는 모습이 구현되지 않는 학생을 '부적응'으로 보는 게 이런 경우라 할 수 있다.

학교 부적응 학생을 위한 '학교 내 대안교실' 사례 연구에는 다음과 같은 내용이 나온다.

"대안교실 참여 전보다 '수업 태도가 좋아졌거나', '학교를 그만두지 않고 학교생활을 유지하게 된 것'을 부적응 학생의 변화라고 인식하였다. 그러나 이러한 변화는 잠시 그렇게 보이는 것일 뿐 근본적인 부적응 문제가 사라진 것으로 볼 수 없다는 의견이 뒤따랐다. 즉 학생이 생활하던 기존의 학교와 교실은 여전히 그대로이고 부적응하던 환경은 변화된 것이 없으므로 부적응 현상은 언제든 다시 나타날 수 있다는 것이다. 이처럼 대안교실이 부적응 학생의 일시적인 학교생활 유지 기제 역할밖에 할 수 없는 이유는 교실 안에서 기대하는 학생의 모습과 표준화된 교육과정 및 평가 시스템의 한계였다. 그리고 이러한 구조를 유지하게 하는 학교 안 개인은 부적응 학생이 학교 안에서 주변화되도록 하였다."[16]

이처럼 아이들의 '부적응'을 해결하기 위한 방안으로 다른 환경을 제공하는 '학교 내 대안교실'이 운영되는 학교가 있지만, 이는 아이마다 맞춤으로 교육 환경을 제공한다는 취지보다는 말 그대로 '부적응'을 '적응'으로 변화시키기 위한 시도라는 한계를 갖는다. 물론 이를 통해 자신을 돌아보는 시간을 갖는 것 자체가 유의미하지만 본래의 자리로 돌아가면 여전히 학교 요구에 부합하지 않는 '부적응'의 모습을 보일 확률이 높다. 또한 아이마다 학교 시스템을 힘들어하는 이유가 다르다. 학교 내 인간관계와 개인의 성향 혹은 발달이나 이해의 차이, 가정의 문제, 원하는 관심사와 동떨어진 공부 등 제각각이다. 그런데도 왜 적응하기 힘든지를 보기보다 부적응한 모습만을 '문제화'한다.

만약 한 아이가 현재 학교 교육이 자신이 공부하고 싶은 관심사와 거리가 멀어서 부적응의 모습을 보인다면 교육이라는 큰 테두리 안에서 이 아이와 맞는 다른 교육 시스템을 알아보고 추천과 연계까지 이어져야 한다. 그렇지만 다양한 교육 시스템이 없기에 아이에게 적응하라고 설득하거나 대안학교, 홈스쿨링 등 공적 교육 영역에서 벗어나는 선택을 할 수밖에 없다.

제공하는 시스템은 한 가지이면서 '참여할래, 안 할래?' 하고 둘 중 하나를 고르라는 것은 선택지가 매우 협소함을 보여준다. 이러한 상황에서 '안 할래'를 선택하는 건 곧 시스템에서의 축출을 의미한다. 따라서 시스템에 속하기 위해서는 반드시 적응해야 한다. 그렇지 못하면 '부적응'이라는 낙인이 찍힌다.

강요하지 않는 것이야말로 적극적인 교육

　영화 〈늑대아이〉에는 두 명의 늑대 아이가 등장한다. 유키와 아메는 어릴 적부터 확연하게 다른 성향을 보인다. 누나인 유키는 자기가 원하는 걸 분명하게 얘기하고 원하는 대로 되지 않으면 금세 늑대 모습으로 변하면서 방안을 마구 달린다. 끊임없이 말을 하고 성격이 매우 쾌활하고 활동적이다. 반면에 아메는 겁이 많고 유약하며 엄마 곁에서 떠나지 않으려고 하고, 조용하고 새로운 시도를 좋아하지 않으며 신중한 편이다.

　유키와 아메의 엄마 하나는 인간이기에 늑대 아이를 어떻게 키워야 할지 잘 모른다. 혹여라도 다른 사람에게 늑대 아이라는 걸 들킬까 봐 아이들을 밖에 내보내지 않고 어린이집에도 보내지 않으며, 심지어 아이가 아파도 병원에 데려가지 못한다. 공적인 시스템 기준으로 봤을 때 늑대 아이는 오류이기에 정체를 밝히는 건 위험하다는 판단으로 아이들을 데리고 산 바로 밑 깊은 산골로 이사를 간다. 엄마 하나는 두 늑대 아이를 잘 키우기 위해 늑대의 특성에 대해 열심히 공부하지만 어디에서 조언을 구할 수도 없고, 돈도 벌어야 하기에 하루하루 분주하고 조마조마한 일상을 보낸다.

　영화 내내 인상 깊었던 것은, 엄마 하나가 유키와 아메에게 인간이 되기 위해 노력하라거나 늑대가 되기 위해 노력하라는 등의 강요를 전혀 하지 않는다는 것이었다. 그저 사람들 앞에서만 늑대 모습을 보이지 말라고 당부한다. 하지만 학교에 가고 싶은 유키는 학교를 보내줄 때까지 사람들 앞에서 늑대 모습을 자꾸 드러내려는 시위를 한 끝에 마침내 인간 세계인 학교에 가게 된다.

유키를 시작으로 이듬해 아메도 학교에 입학하게 되는데 두 아이가 학교에서 보이는 모습도 상반된다. 유키는 친구들과 금세 가까워진다. 수업 시간에 대답과 발표도 잘하며 학교생활에 잘 적응한다. 아메는 유키와는 다르게 학교에서 조용하다. 맨 뒤에 앉아 친구들과도 거의 놀지 않고, 툭하면 학교를 빠지고 엄마 직장에 따라가거나 자연에 있는 걸 좋아한다. 엄마는 그런 아메에게 학교에 적응하라고 다그치거나 왜 누나인 유키처럼 친구들을 사귀지 않느냐는 말을 하지 않는다. 그저 묵묵하게 자신의 일을 하며 유키와 아메의 특성을 있는 그대로 수용하고 맞춰주며 함께한다.

두 아이가 학교에 가기 전 아메에게 큰 사건이 하나 일어난 적이 있다. 세상이 하얗게 눈으로 뒤덮인 날, 엄마와 유키, 아메는 자연과 산짐승 외에는 아무도 없는 산을 뛰어다니며 함께 자유를 만끽한다. 마음껏 늑대가 되어 눈 덮인 산을 누빈 후 아메는 계곡에 앉아있던 새 한 마리를 사냥하다 거추장스러운 목도리에 걸려 물에 빠지고 만다. 차디찬 계곡 물살에 휩쓸려 내려가다 힘이 빠져 물속으로 가라앉을 찰나 누나 유키에 의해 겨우 물 밖으로 구출된다. 인간인 엄마는 도저히 어찌해볼 수 없었기에 겨울 계곡물에 몸이 얼어붙은 아메를 안고 이름을 부르며

우는 것밖에 할 수 없다.

"오늘은 나도 사냥을 잘할 수 있을 것 같았어. 웬일인지 평소와 달리 하나도 무섭지 않았어. 갑자기 뭐든 할 수 있을 것 같았어."

죽을 뻔했던 상황과는 딴판으로 아메의 눈은 빛나고 표정은 기대에 차 있었다.

어쩌면 이미 이때 예견된 건지도 모르겠다. 학교를 좋아하는 유키와 다르게 아메가 학교에는 그다지 흥미를 느끼지 못하면서 계속 자연으로 몸이 향하게 되는 것이.

유키는 학교생활을 활발하게 잘할수록 그렇게 좋아하던 자연과는 멀어지고 늑대 성향보다 인간들과 더 가까운 모습이 되고 싶어 했다. 어느 날 자신에게서 동물 털 냄새가 난다고 핀잔하는 아이를 피하느라 격양되어 잠시 늑대로 변하는 자신의 모습이 마음이 들지 않는다. 아메는 학교에서는 무기력하게 앉아 있지만 자연을 얘기할 때는 전혀 다른 사람이 된다. 늑대 스승을 만나 매일매일 성장하면서 산을 지키고자 하는 소명의식도 갖게 된다.

유키와 아메는 같은 늑대 아이지만 인간 세계와 늑대 세계를 경험하면서 서로 다른 선택에 이른다. 산에 가지 말고 내일부터 학교에 나오라고 다그치는 누나 유키와 우리는 늑대라며 강하게 주장하는 동생 아메는 크게 충돌하게 되고, 그렇게 둘은 경험을 통해 각자 자신의 길을 확고하게 선택해간다.

영화를 보는 관객으로서 우리는 유키와 아메의 선택 중 어느 쪽이 옳다고 말하지 않을 것이다. 오히려 아메의 선택에 불안해하는 엄마 하나를 안심시키고 싶어 하지 않을까? 아메는 이제 늑대로서 다 컸다고, 이제 자신의 길을 제대로 가고 있다고 말이다.

어릴 때는 자연을 더 좋아하고 늑대 성향을 확연하게 드러내던 유키는 자신이 있고 싶어 하는 곳을 선택한 것이고, 어릴 때는 유약하고 겁이 많고 늑대 성향과는 도무지 거리가 멀어보이던 아메 역시 자신이 있고 싶어 하는 곳을 선택했다. 둘은 각자의 고유성, 발달 시기 그리고 자신의 선택으로 길이 달라졌고, 엄마 하나는 참견하거나 유도하거나 강요하지 않으면서 두 아이의 성장을 적극 지원했다.

"유키도 아메도 각자의 길을 걷기 시작했어. 바라던 일인데 왜 이렇게 불안한 걸까?"

엄마 하나도 불안하지 않았던 것은 아니었다. 어느 순간에는 너무 불안해서 아메에게 다시는 산에 가지 말라고도 했다. 그렇지만 자신의 힘으로 말릴 수 없다는 걸 알고 아메의 선택을 존중한다. 어쩌면 자신이 늑대 인간이 아니었기 때문에, 두 아이를 이해하고 받아들이기 위해 노력했기 때문에 두 아이가 스스로 성장할 수 있게 기다려줄 수 있었던 게 아닐까? 이해하고 받아들인다는 것을 다른 말로 하자면, 함부로 판단하지 않는 것이며, 한 가지 방향만이 옳다고 강요하지 않는 것이다.

아이들은 다르지만 교육은 똑같은 현실

영화를 통해 유키와 아메가 태어나서 각자 자신의 길을 선택하는 과정을 지켜보며 성장에 대해 몇 가지를 발견하게 된다.

첫째, 어느 한 시기에 보여주는 모습이 전부가 아니다.

어릴 적 모습만 보면 자연을 좋아하는 쪽은 아메보다는 유키다. 늑대 성향을 잘 드러내고 또래 아이들보다 훨씬 활달해서 학교보다는 자연에서 늑대로 사는 게 더 어울릴 거라는 판단을 하기 쉽다. 그리고 아메는 겁이 많아서 도무지 늑대로서의 삶은 엄두를 못 내고 안전한 엄마 곁에서 계속해서 살아가야 한다고 지레짐작하기 쉽다. 한 아이가 어릴 적 보여주는 성향이나 관심사, 특성이 그 아이의 전부, 즉 결말이 아니라는 걸 잘 보여준다.

둘째, 경험을 통해 자신의 성장을 확인한다.

아메는 어느 날 다 해낼 수 있을 것 같다는 자신감이 생겨서 새를 사냥했다고 한다. 아직은 늑대성이 어설퍼서 위기에 빠지기도 했지만 그날의 경험은 아메를 바꿔놓았다. 늘 겁이 많고 낯선 곳은 싫어서 '집에 가자'고만 하던 아메는 서투른 성공의 경험으로 자신도 할 수 있다는 걸 스스로 발견한다. 그리고 이 발견은 다른 것을 시도하는 발판이 되어 잠재되어 있던 늑대성이 날개를 펴고 아메가 가장 원하는 곳으로 스스로를 데려다 놓는다. 유키는 학교에서 친구들과 함께 놀면서 자신이 다른 아이들과 다르다는 걸 발견한다. 좋아하는 것, 소중하게 모으는 것 등이 많이 다른데 이 다름을 계속 유지하기보다는 인간처럼 살아가기를 바란다. 공부하고 발표하고 친구들과 어울리는 삶이 좋기 때문이다. 유키는 자연과 인간을 활발하게 경험하며 정체성의 혼란을 겪고 혼란을 통해 자신이 원하는 걸 선택한다.

셋째, 발달의 속도가 다르다.

엄마 하나는 아메가 아직 열 살인데 자신을 완전히 떠나서 독립한다는 게 너무나 불안하다. 제대로 해준 것도 없는 것 같고 인간 나이 기준으로 하면 열 살은 너무 어리다고 생각한다. 그러나 늑대로서 열 살은 이미 완전하게 성장한 나이다. 또 어린이집, 학교 등 차근차근 맞춰서 성장하는 유키와는 다르게 아메는 어느 날부터인가 하루가 다르게 변하는 성장 속도를 보인다. 그래서 어릴 적에는 유키가 항상 더 힘이 셌는데 '인간이냐, 늑대냐'라는 정체성을 두고 충돌했을 때 아메는 유키에게 결코 밀리지 않는다.

하물며 두 명밖에 없는 늑대 아이가 이럴진대, 우리 주변의 수많은 아이는 어떻겠는가? 그토록 개성을 외치면서도, 서로 자라는 모습과 속도가 달라 기준값에서 벗어나면 '부족하다, 미진하다, 부적응이다'라고 딱지를 붙이는 게 교육 현실이다.

아동 권리에서 발달권이란, 잠재능력을 최대한 발휘하는 데 필요한 권리를 말한다. 교육받을 권리, 여가를 즐길 권리, 문화생활을 하고 정보를 얻을 권리, 생각과 양심과 종교의 자유를 누릴 권리까지 포함된다.

부적응이라는 낙인을 찍기 전에 선행되어야 할 질문은 '선택할 기회를 줬는가?'이고, 중요한 것은 선택할 기회 이전에 '선택거리를 충분히 제공했는가?'이다. 지금 대한민국 아이들은 교육선택권 속에서 고유성에 맞는 발달과 다양한 환경을 제공받으며 자신이 진정 원하는 방향을 발견하고 있는 걸까? 틀에 박힌 시스템에 갇혀 고유성을 잃어버리고 부적응이라는 낙인 속에 자아가 위축되어 다른 길을 찾을 엄두도 내지 못하고 무기력으로 내몰리고 있는 건 아닐까?

앞에서 인용한 논문에서, 대안교실 운영 시 아이들에게 "뭐 하고 싶니?"라고 물었을 때 수업시간에는 조용히 있던 아이들이 하고 싶은 것들을 얘기하고 실행하는 과정에서 긍정적인 모습을 보였다고 한다.

"학생들에게 무얼 하고 싶은지 묻고, 관련 활동을 계획하여 실제로 실현하는 대안교실 활동에 대해서 "학생의 학교에 대한 신뢰와 긍정적인 인식이 올라간다"고 하였다. 다시 말해, 그동안 본래의 학급에서 주변화되었던 학생들은 교육에 대한 자신의 주체적인 선택이 학교 안에서 실현되었다는 놀라움과 함께, 학교에서는 자신의 말을 안 들어준다는 부정적인 인식이 학교에서도 가능하다는 기대감이 나타난 것으로 볼 수 있다."[17]

'틀린 게 아니라 다르다'라는 말에 반론을 제기하는 사람은 더 이상

없을 것이다. 그렇지만 아직까지 교육 영역에서는 '같아야 한다'를 강요하고 있다. 특히 어른보다 아동·청소년에게 '적성'보다 '적응'을 대입하며 '발달권' 영역에서의 고민에 게으른 것은 아닐까?

두 늑대 아이가 저마다의 길을 찾아가는 과정에서 안도감을 느끼고 응원을 보낸 것처럼, 내 눈에 보이는, 혹은 보이지 않지만 사회 안에 존재하고 있는 아이들이 학교를 포함하여 더 다양한 환경을 제공받고 다양한 학습과 놀이와 관계를 경험하기를 바라는 마음에 동행해주기를 기대한다.

어느 가족

'보호권'은 지금 당장
우리 모두의 의무

아이는 어디에 있고 싶은가?

'따뜻하다', '다정하다', '평화롭다' 그리고 '함께한다'

한 아이가 이런 걸 느낀다면 그것이 진정한 '가족이다'라고 영화는 말하고 있다. 그렇지만 세상은 이들을 '가족이 아니다'라고 말한다. 진짜 가족이 아니라 가짜 가족이라고 말하며 충격적이라고 반응한다.

〈어느 가족〉 영화를 집중해서 볼수록 아니 슬쩍 보더라도 등장인물들은 진짜 가족으로 손색이 없다. 지나가는 사람들에게 영화 포스터를 보여주며 어떤 구성원의 사진일 것 같으냐고 물으면 아마도 모두가 '가족'이라고 말할 것이다. 이들이 어떤 가족일 것 같으냐고 물으면 '화목한 가족'이라고 말할 것이다. 사진 속 아이들이 어떨 것 같으냐고 물으면 '행복할 것 같다'고 말할 것이다.

이 사회가 그토록 강조하는 '화목한 정상 가족' 조건에 이처럼 딱 들어맞지만, 이들은 어디서 어떻게 모여들었는지 모를 핏줄 접점이 전혀 없는 남남이다. 모양과 분위기, 한 아이가 경험하는 건 '화목한 정상 가족'인데 '핏줄'로 연결되지 않았다면 비정상 가족, 아니 가족이 아니라고 말한다. 그렇다면 어떻게 남남이 모여서 이런 분위기가 나올 수 있는 걸까?

이들이 주고받는 대화 내용을 들어보면 오래 같이 살았고 자연스러운 관계라는 느낌이 온다. 저녁을 먹으며 오늘의 안부를 묻고 나가고 들어올 때 잘 다녀왔냐고, 잘 다녀오라고 인사하고, 서로의 마음을 소란 떨지 않으면서 보듬는다. 그렇지만 분명, 어딘가 이상하다.

아빠로 보이는 남자 어른과 아들로 보이는 남자 아이는 주먹치기를 하며 마트로 장을 보러 간다. 정확하게는 식재료를 돈을 내지 않고 가져온다. 마트 직원에게 들키지 않게 망을 보고 가려주는 동작이 합이 척척 맞고 한두 번 해본 솜씨가 아니다. 오늘도 성공적으로 저녁거리를 훔치고 인원수만큼 고로케를 사서 돌아오는 길에 유리를 발견한다. 유리는 이전에도 그랬던 것처럼 이 추운 날씨에 얇은 옷을 입고 현관에 나와 있다. 내쫓긴 건지 누구를 기다리는 건지 혼자 추운 곳에 앉아 있다.

"고로케 먹을래?"

원래는 저녁만 먹이고 보내려고 했다. 그렇지만 차마 유리를 유리네 집으로 돌려보낼 수가 없었다. 데려다주러 간 길에 집 안에서 싸움 소리가 들렸다. 비명처럼 울리는 유리 엄마의 말,

"나도 낳고 싶어서 낳은 거 아니야."

싸움 통에 아이를 두고 올 수가 없어서 그렇게 다섯 명이었던 가족이 여섯 명이 되었다.

"넘어졌어."

너무 마른 유리의 팔을 걷어보니 온몸에 상처가 가득하다. 누가 그랬냐고 물어볼 때마다 아이는 넘어졌다고 말한다. 화상 자국인데….

"아프겠네. 날아가라. 아픈 거 날아가라."

할머니는 유리의 상처마다 따뜻한 입김으로 호호 불어주면서 약을 발라주고 유리가 좋아하는 밀개떡을 뜨거울까 봐 호호 불어서 입에 넣어준다. 추운 현관에 방치되어 있던 유리는 생전 모르던 남들에게 돌봄과 위로를 받고 몸에 있는(어쩌면 마음에 있는) 상처를 치료받는다.

"너네 집에 갈래?"

유리에게 집은 어떤 곳이었기에 고개를 저으며 돌아가지 않겠다고 하는 걸까? 겨울에 온 유리는 두 계절이 지나도록 이들과 함께 살아간다. 나중에 안 사실이지만 부모는 2개월이 넘도록 실종신고조차 하지 않았다.

'사랑'과 '폭력'은 나란히 있을 수 없다

"넘어졌어."

상처가 왜 났냐고 물어보면 아이는 틈도 없이 즉각 이렇게 대답한다. 왜 다쳤는지 얘기하지 않는 것만으로도 유리가 집에서 어떻게 살았는지 짐작할 수 있다. 아이들은 보통 자신이 다친 얘기를 가까운 사람이나 모르는 사람들에게까지 신이 나서 구구절절 설명하기 좋아한다. 그런데 유리는 그런 얘기를 해야 하는 보호자에게 계속 학대받고 있었기에 얘기할 사람이 없다. 보호자가 아닌 다른 사람에게도 얘기하지 않는 이유는 넘어졌다고 얘기하라고 주입을 받았기 때문일까. 어쩌면 유리가 보호자를 보호하고 있는 건지도 모르겠다.

새 옷을 사주기 위해(절반은 훔치고) 데려간 옷가게에서 유리는 새 옷을 입고 싶지 않다고 한다. 아이들은 대개 새 옷을 좋아하는 반응을 보이는데 유리의 반응은 표정도 굳어있고 몸도 경직되어 있다.

"나중에 안 때릴 거야?"

"때리지 않아."

이 약속을 듣고 바다에 갈 때 입으려고 산 새 수영복을 유리는 이튿날까지도 계속 입고 있다. 때리고 나서 사주는 새 옷이 아니라서 마음 놓고 마음에 들어 할 수 있었나 보다.

이 가족 중 엄마 같은 모습의 여자 어른은 유리가 처음 겨울에 올 때 입었던 얇디얇은 원피스를 불에 태우면서 이런 말을 건넨다.

"맞고 지냈던 건 네가 나빠서가 아니야. '사랑하니까 때린다'라는 건 거짓말이야. 진짜 사랑한다면 이렇게 하는 거야. 이렇게 꼬옥."

그러면서 유리를 뒤에서 포근하게 안아준다. 그 모습을 다른 가족들이 같이 지켜보고 있다.

오래도록 들어와서 '맞는 말'처럼 믿고 있는 말이 있다.

'사랑의 매'

'합리적 체벌'

'너 잘되라고'

'너 걱정돼서'

'정신 차리라고'

어릴 적부터 많은 사람이 그 말을 사용하니까 타당한 말 같아서, 아니 타당한지 아닌지를 따져볼 겨를도 없이 흡수된 말이다. 그렇게 흡수된 말은 다시 수시로 내뱉어져서 합리화 도구로 쓰인다.

폭력이 사랑이라고 이름 붙여진 갑옷을 입으면 더 뚫기 어려운 무기가 된다. 나를 때린 사람이 '사랑'으로 그랬다는데 어떻게 미워할 수 있겠는가. 때리기 위해 손에 쥔 도구에, 소리를 지르며 명령하는 벌에, 욕설과 발길질에 '사랑'이라고 이름 붙인다. 그러니 그저 내가 나빠서, 내가 잘못된 존재라서 그런 거라고 믿는 것 말고는 방도가 없다. 유리는 가짜 가족 안에서 여자 어른을 통해 이 부분을 정정 받았다. 아프고 공포스럽지만 나를 사랑해서 때리는 거라고 그래서 누가 물으면 넘어진 거라고 시키는 대로 말하며 부모를 보호했는데, 사랑한다면 때리는 게 아니라 안아주는 거라는 새로운 '진실'을 배웠다. 그리고 실은 이 포옹이 안전한 사랑이라는 걸 자신도 본능적으로 알고 있었던 것 같다.

"집에 돌아간다고 말할 줄 알았는데…."

"선택받은 건가, 우리가?"

"보통은 부모를 선택할 순 없으니까."

"근데 스스로 선택하는 쪽이 더 강하지 않겠어?"

"뭐가 강해?"

"유대… 정 같은 거."

그렇게 유리가 '선택'한 가족이었지만 언제까지나 지속될 수는 없었다. 유리를 구출한 남자 어른도, 유리의 상처에 약을 발라준 할머니도, 뒤에서 꼭 안아준 여자 어른도, 짧아진 머리를 정돈해주던 언니도, 자신이 좋아하는 밀개떡을 훔쳐 준 오빠도 모두 이 사회 안에서는 진짜 가족이 아니니까.

결국 친엄마에게 돌아간 유리에게 유리의 엄마가 말을 건넨다.

"새 옷 사줄 테니까 이리 좀 올래?

사회 전체가 아이의 보호자가 된다면

아동 권리 감수성 교육시간에 들은 아동복지교사의 질문을 나눠보고 싶다.

"한 아이가 학대를 받고 있는 것 같은데 신고를 해야 할지 딜레마입니다. 신고를 하면 시설에 들어가게 되고 부모와 떨어져 살게 될 텐데, 그래도 부모와 살게 하는 것이 더 낫지 않을까 싶기도 해서요."

이런 딜레마를 가지고 있는 아동학대 신고의무자가 많을 것으로 생각한다.

아동학대의 심각성을 정확하게 인식하지 못하고 있으며 외부에 신고를 하는 것이 부모의 권리를 침해하거나 학부모와 보육기관의 관계를 악화시키는 문제로 생각하여 당해 문제에 간섭하지 않으려는 경향이 강하고 아동 학대에 대한 실질적인 교육이 잘 되어 있지 않음을 알 수

있다.[18]

문제는 이런 딜레마를 가질 수밖에 없는 현재의 사회 인식과 아동학대 보호에 대한 사회 시스템이다. 혈연으로 연결된 가족이 아무리 그래도 낫지 않겠냐는 생각과 괜히 내가 끼어들어 오히려 가족을 분리시키는 건 아닌지에 대한 우려도 덧붙는다. 또한 신고 이후 아이가 지금 양육 환경보다 더 안전한 환경을 제공받을 수 있겠는가 하는 시스템에 대한 신뢰와 정보의 한계도 한몫한다.

이 모든 과정에는 아이의 양육이 법적인 보호자에 우선권이 있고, 법적인 보호자가 아니면 직접 양육자가 아니기에 제3자라는 우리 사회의 인식이 팽팽하게 자리 잡고 있다.

일반 시민을 대상으로 아동 권리 감수성 교육을 할 때

"아동학대 신고 전화번호는 몇 번일까요?"

라고 퀴즈를 내면 답을 얘기하는 경우보다 얘기하지 못하는 경우가 아직까지도 더 많다. 아동학대 신고 전화번호는 '112'다. 범죄이기 때문에 범죄 신고를 하는 것이다. 아동학대로 인한 아동사망 사건, 자녀 살해 후 자살 등의 사건을 계속 접하면서 분노하고 가슴 아파하며 관심을 기울이기는 하지만, 한 아이의 성장과 안전이 우리 사회 전체의 역할이라는 것에까지는 미치지 못하고 있다.

사회 구조 안에서 딜레마에 공감하지만 이 딜레마 안에서도 우리가 고민해야 할 것은 한 아이의 안전이다. 영화 〈어느 가족〉, 그리고 뒤에서 다룰 〈미쓰백〉에서도 드러나지만 아동학대는 아이의 적극적인 신고나 물증 확보가 어렵다. 아이는 사회적 약자를 넘어 완전한 약자이며 유일한 경험치가 현재 환경이어서 스스로 학대 환경을 깨고 나오기가 쉽지 않고, 현재 가족 말고는 다른 곳에서 산다는 상상을 해볼 수가 없기에 더욱 그렇다.

아동의 4대 권리 중 보호권은 모든 형태의 학대와 방임, 차별, 폭력, 과도한 노동, 약물과 성폭력 등 '어린이가 유해한 것으로부터 보호받을 권리'를 말한다. 여기에서 아이에게 유해를 가하는 존재는 아이의 일상 안에서 매우 가까운 어른들일 가능성이 높다. 아이들의 보호권을 지켜주는 일은 주변 어른들을 의심하는 행위가 아니라, 아이의 안위를 살피는 것 그리고 나 역시 이 사회의 아이들을 보호할 의무가 있고, 보호할 수 있는 힘이 있다는 걸 인지하는 것에서 출발한다.

아동학대에 대해 사회의 관심이 커지고 있는 지금이 아이들을 보호하도록 인식을 바꾸고 시스템을 마련할 좋은 기회라고 생각한다.

한 논문의 말을 빌려 다음 두 가지를 함께 고민해보고 싶다.

첫째, 아동 및 영유아 학대와 그 신고에 대한 대응체계에 대하여 공공성이 더욱 강화되어야 한다. 신고로 인하여 발생하게 될 여러 가지 사회적 상황에 대한 염려나 두려움이 존재하고 있는데 피학대 아동의 격리와 보호 및 구제와 함께 신고자 보호에 대해서도 아동보호 전문기관뿐만 아니라 지방자치단체 차원에서의 노력이 반드시 필요하다.

둘째, 선진적 수준의 지원 제도와 체계의 확립은 피학대 아동에 대한 보호는 물론 신고를 하고자 하는 입장에 있어서도 정확한 개입과 확실한 결과가 보장될 수 있으리라는 믿음이 형성될 만큼 강력해야 한다. 일본의 경우 학대를 당한 아동의 안전을 보장하기 위해 전면적인 초기 대응이 이뤄지도록 아동상담소 내에 아동심리사, 의사 또는 간호사, 아동복지사 등 전문 인력을 배치하고 동시에 법률상담이 가능하도록 변호사를 상시적으로 대비시키는 등의 제도를 취하고 있다.[19]

한 가지 덧붙이자면, 아동 권리에 대한 교육, 아동학대 예방과 대처에 대한 사회적 관심을 높일 수 있는 캠페인 등의 확장이 필요하다. TV 공익광고, 지자체, 아동청소년기관과 지역 내 도서관 등과 연계하여 시민 모두에게 지속적으로 노출시켜 관심을 끌어올리는 노력에 함께하기를 기대한다.

스웨덴은 1979년 세계 최초로 가정 내 자녀 체벌을 금지한 나라다. 당시에 다른 유럽 국가에서 "스웨덴이 미쳤다", "무모한 실험이다"라는 비판이 일었고, 반대표를 던진 의원들은 "모든 부모가 범죄자가 되고 가정이 해체될 것'이라며 반발했다고 한다. 하지만 스웨덴은 처벌이 아닌 인식 전환이라는 법의 목적을 실현하기 위해 대대적인 홍보 캠페인을 벌였고, 법이 도입되고 2년 뒤 60% 이상의 스웨덴 부모들이 자녀 체벌이 불법이라는 사실을 인지하게 되었다. 홍보 캠페인을 위해 TV, 라디오 광고, 포스터, 팸플릿 등 모든 수단이 동원되었다. 우유 팩에 체벌금지법의 목적과 내용을 알리는 만화를 싣고 "당신은 체벌 없이 성공적으로 아이를 키울 수 있습니까?"라는 제목의 브로슈어를 가정에 보급했다. 이는 "부모가 아이의 좋은 모델이 되기 위한 에너지와 시간을 갖도록 필요한 도움을 제공하는 것은 정부의 책임이다〈체벌 폐지 후 35년〉 보고서, 2014)"라는 인식이 있었기에 가능한 일이었다.[20]

이 영화를 보면서 관객으로서 마음이 편안했던 이유는 유리의 가족이 아닌 사람들이 유리에게 가족으로서 해줘야 할 일을 다 해줬기 때문이다. 함께하는 시간 동안 평화롭지 않은 때가 없었고, 아이의 마음을 살피고 성장을 응원해주었다.

"가족인 척을 했던 자들이 무슨 목적으로 여기 모여 살았던 걸까?"

이들이 뿔뿔이 흩어지고 뉴스에서는 가족도 아닌 사람들이 도대체 왜 모여 살았는지 '목적'을 언급했다. 그렇지만 그 목적은 결코 알아낼 수 없을 것이다. 왜냐하면 목적이 있어서 같이 산 게 아니라, 그저 함께 있기 위해 모여 살았기 때문이다. 그리고 '그냥' 함께가 아니라 '다정하게' 함께 살았다.

유리는 오늘도 현관에 나와서 함께 살았던 가짜이자 진짜 가족이 알려준 '숫자송'을 부르며 밖을 내다본다. 아이는 누구를 기다리는 걸까?

'반항'은 누구의 용어일까?

　청소년, 사춘기의 특성을 말할 때 '반항'이라는 말이 자연스럽게 등장한다. 너무나 자연스럽고 오래 사용해 와서 '사춘기=반항기'라고 생각될 정도다. 반항이라는 단어는 주로 누구를 대상으로 사용될까? 반항이라는 단어는 주로 어떤 상황을 설명할 때 사용될까? 반항의 사전적 의미는 "다른 사람이나 대상에 맞서 대들거나 반대함"이다. 유의어로는 거역, 대거리, 반발, 대항 등이 있다. 즉, 기준이 되는 의견이 있고 그 의견에 반대하려고 대드는 행동에 붙이는 용어다.

　예를 들어, 회사에서 회의 시간에 의견이 다르다고 '반항'이라는 말을 사용하거나, 친구들끼리 의견이 갈릴 때 서로 의견이 다르다고 하지 '친구가 나한테 반항했다'고 하지 않는다. 즉 반항은 의견의 층위가 수직의 모양을 띠고 있다. 아이의 의견에 어른이 반항한다고 하면 성립은 되지만 사회 인식 안에서는 왠지 어색하다. 왜냐하면 반항은 중심성과 관련이 있기 때문이다.

　반항은 어른과 아이의 관계에서 주로 어른 중심성으로 말할 때 사용한다. 즉 어른의 뜻과 대비되는 말과 행동을 일컫는다. 사춘기를 반항기라고 표현하는 것 역시 같은 맥락이다. 사춘기 시기의 말과 행동이 어른에게 대들기 위해서 하는 거라는 인식인데, 이는 이 사회가 어른 중심성이라는 인식을 내포한다.

어른의 말에 아이가 "싫은데요."라고 말한다면, 어른은 이를 두고 반항 혹은 말대꾸라고 표현한다. 그런데 어떤 아이도 "저 지금 반항하는 거거든요." 혹은 "제가 지금 말대꾸한 거예요."라고 말하지도 생각하지도 않는다. 반항이나 말대꾸가 아니라면 아이들은 자신이 싫다고 한 말을 뭐라고 생각할까? 그렇다. 의견이다. 그냥 의사표현을 한 거다. 누군가 자신의 의견을 얘기하면 의견을 듣고 나의 의견을 말하고 서로의 의견을 존중하거나, 의견 사이를 좁혀가는 걸 '대화'라고 한다. 그러니까 아이의 말에 반항이나 말대꾸라고 이름 붙이는 순간 더 이상 대화가 아니라 이제부터는 기싸움이 된다. 한쪽에서는 반항 에너지를 누르려고 하고, 한쪽에서는 반항 에너지를 더 발산하려고 하는 형태가 되어버린다. 그렇지만 애초에 아이가 싫다고 한 것은 반항하기 위해서가 아니라, 싫다는 자신의 의견을 피력한 것이다. 그러면 왜 싫은지, 뭐가 싫은지, 어떻게 하면 싫지 않을 수 있는지, 서로가 좋은 대안은 무엇인지를 알아보는 '주고받는 대화'로 이어져야 하지 않을까? 어른끼리는 분명 이렇게 대화하면서, 아이들의 반응이 자신이 원하는 것과 반대일 때 유독 반항이라는 말을 꺼내 든다.

반항이 아니라 의견임을 인정할 때 '상대방과 의견을 주고받는 좋은 방법'도 알려줄 수 있다. 아이가 무작정 싫다고 자신의 의견만 고집할 때 이걸 반항이라 이름 붙이지 않고 의견으로 본다면, 의견을 얘기하는 데 있어 더

효율적인 방법을 '성숙한 어른'으로서 안내해줄 수 있다.

"너의 의견 잘 알겠어. 다만 의견을 얘기할 때 소리를 지르기보다 차분하게 얘기해줄 수 있을까? 나도 주의할게. 나도 너의 의견을 더 듣고 싶으니 서로 천천히 얘기해보자."

"싫다는 너의 의견 잘 알겠어. 그런데 지금은 모두 같이 움직여야 하는 상황이니까 네가 조금 다르게 생각해봐 줄 수 있을까? 아니면 어떻게 하면 좋을지 의견 부탁해."

친구끼리 얘기할 때 친구가 "싫은데."라고 말하면, "아, 그래? 그럼 어떻게 할까?" 혹은 "아, 그래? 어떤 것 때문에 싫은지 말해줄 수 있어?"라고 곧바로 물어보지 않는가.

반항과 말대꾸라는 단어를 유독 아이들에게 많이 사용하는 것 역시 아동을 나와 의견을 주고받는 한 사람으로 받아들이지 않기 때문이다. 그래서 '반항'이라고 이름 붙여서 아이의 에너지를 눌러버리는 것이다. 그렇게 하면 아이는 더 이상 대화가 안 통한다고 생각하고 입을 닫아버리거나 눌린 에너지가 어딘가 뭉쳐 있다가 생각지 못한 곳에서 튀어나오기도 한다. 아이들의 표현을 반항이 아닌 소통으로 바라보고 서로가 의견을 나누는 경험을 할 때 아이들은 마음을 열어 다른 사람과 연결되는 법을 익힌다. 아이들의 반항은 오히려 '반항'이라고 이름 붙일 때 존재한다.

4장

아이들과의 눈 맞춤이
아동 권리 감수성을
아는 것

마이 리틀
히어로

우리의 시선이
아이들의 현실이 된다

어떤 '현실'을 제공하고 있는가?

"야, 까만 국가대표 봤어? 우리 같은 애들이 대책 없이 꿈만 꾸는 거 조심해야 해."

성준의 이 말을 곰곰이 생각해보았다. 영화 속 대사 중 유독 떠나지 않는 말이었다. 아마도 이 말이 지닌 '현실감' 때문이었으리라. 우리가 흔히 일상에서 사용하는 '현실'이라는 말은 실제로 일어나고 있는 현상을 주 근거로 판단하는 실현 가능한 범위를 일컫는다. 그래서 '이상'이나 '상상' 등 일어날 가능성이 적은 요소는 포함시키지 않을수록 현실적이라는 표현에 더 가까워진다.

영광이의 친구 성준이는 축구를 좋아하고 잘한다. 국가대표 안 할 거냐고 영광이가 묻는 걸 보니 성준의 꿈이 국가대표 축구선수라는 대화를 나눈 적이 있는 듯하다. 이 질문에 성준은 자신의 꿈이 대책 없는 꿈에 해당되는 것처럼 말함과 동시에 그건 현실적으로 불가능하다는 근거를 내세운다. 대한민국에서 자신처럼 피부가 까만 국가대표는 지금까지 없었기에 앞으로도 그럴 가능성이 없다고 생각하는 게 '현실적'인 생각이라고 말이다.

그러면서 성준은 뮤지컬 오디션에 참가하는 영광이의 매니저가 되겠다고 자처하면서 영광이에게 하루에 두 번씩 꼬박꼬박 바르면 피부가 하얗게 될 수 있다며 선크림을 내민다. 자신의 꿈은 현실적으로 불가능하다고 생각하면서, 영광이의 꿈은 가능하다고 생각하는 걸까?

영광이는 노래를 무척 잘하고 노래에 담긴 감정 또한 잘 표현한다. 노래에 담긴 감정을 표현하려면 노래에 담긴 상황을 잘 이해하고 노래 속 주인공이 실제 느낄 감정에 이입을 해야 하는데, 영광이는 노래 실력과 감정이입이 모두 뛰어난 아이다. 이 두 가지 요소만으로도 뮤지컬 배우가 되기에 알맞은 재능과 감수성을 갖추고 있다. 그리고 영광이는 해야 할 연습을 조금도 게을리하지 않고 성실하게 해낸다. 발이 부르트고 멍들도록 몰입하여 연습하는 이유는 무대에서 노래 부르는 게 좋기 때문이다. 좋아하는 이유는 '그냥'이다. 그냥 좋다고 말한다.(앞에서 언급한 〈빌리 엘리어트〉의 빌리도 발레가 그냥 좋다고 했다.)

지금까지 나열한 요소들을 보면 영광이가 뮤지컬 배우의 꿈을 꾸지 않을 이유가 없다. 게다가 이미 영광이는 TV 뮤지컬 배우 오디션 프로그램에서 3천 명 넘는 지원자 중 최종 5명에 선발되었다. 오로지 실력만으로 말이다. 그런데 '현실'이 영광이의 꿈에 가장 큰 걸림돌이다.

영광이는 딱 봐도 '한국사람'이 아닌 것 같다. 동남아시아인에 가까운 피부색이다. 성준이도 딱 봐도 '한국사람'이 아닌 것 같다. 아프리카인에 가까운 피부색이다. 아니 이 말들은 다 틀렸다. 우리에게 익숙한 '한국사람의 모습'이 있을 수 있지만, 딱 봤을 때 익숙한 모습이 아니라고 해서 한국사람이 아니게 되는 건 아니다. 영광이와 성준이는 엄연히 한국 국적으로 한국사람이고 한국에서 태어나서 한국에서 자라난 한국 아이들이다.

그런데 성준이의 친구들은 성준이에게 "야, 아프리카!"라고 부르고

"호나우딩요다!"라고 말하기 일쑤다. 영광이와 오디션에서 파트너가 된 음악감독은

"필리핀이나 말레이시아나…."

라면서 영광이에 대해 알 생각이 없다. 제대로 알려고 했다면, 엄마의 국적이 필리핀이지 영광이는 한국사람이라는 걸 알았을 텐데 말이다. 그럼 여기에서 한 걸음만 더 같이 내딛어보자. 국적이 한국사람이냐 아니냐까지도 해제할 수 있다면, 꿈을 꾸고 열심히 도전하면 그 꿈이 가능해지는 것이 '현실'이라면 얼마나 좋을까?

익숙하다는 것 자체는 나쁜 것이 아니다. 그런데 가끔 익숙함이 나빠질 때가 있다. 익숙함이 옳은 것이라 여겨질 때 나빠지고 때로는 폭력이 된다. 익숙하지 않다고 해서 잘못된 것처럼 밀어내고 이질적이라고 말하는 '현실'은 얼마나 이상한가?

누가 이방인인가?

많은 인기와 이슈를 불러오는 다양한 장르의 TV 오디션 프로그램처럼 이 영화는 뮤지컬 배우 오디션을 배경으로 한다. '조선의 왕 정조'를 다룬 뮤지컬 주인공을 뽑는 자리이며, 이 오디션에서 우승한 배우와 음악감독은 뉴욕의 화려한 무대에서 작품을 선보일 수 있다. 한국 문화를 알리려는 목적으로 기획한 프로그램으로, 뮤지컬 내용은 정조가 왕이

되기 전에 겪었던 아버지 사도세자의 죽음과 그를 향한 그리움 등을 그릴 예정이라 다양한 감정 이해와 노래 실력이 필요하다. 뮤지컬이라서 춤 실력 또한 요구된다.

이 오디션은 '오로지 실력만으로 뽑겠다는 신념'을 가지고 최종 선발된 참가자 5명을 음악감독 5명이 얼굴을 보지 않은 채로 노래만 듣고 선택을 한다. 음악감독 2명 이상이 한 참가자를 선택할 경우에는 참가자가 그들 중 한 명을 선택할 수 있다. 이런 과정을 거쳐 음악감독 유일한과 참가자 영광이가 파트너가 된다.

처음 등을 돌리고 참가자들의 노래를 들을 때는 영광이의 노래를 듣고 모두 고개를 끄덕이며 감탄한다. 최근 크게 주목받고 있는 음악감독 민준상까지 영광이를 선택한다. 하지만 영광이는 자신을 보고 환하게 웃는(가식 웃음이었지만) 유일한을 선택한다. 노래를 들을 때는 '이 배우다'라고 생각했을 텐데, 몸을 돌려 영광이를 마주보는 순간 두 음악감독은 적잖이 당황한다. 특히 유일한은 '재수 없게 걸렸다'고까지 생각한다. 노래 실력으로 선택받은 영광이는 얼굴을 마주하는 순간 그렇게 '이방인'이 되었다.

영광이가 노래도 잘하고 연습을 열심히 해서 계속 다음 단계로 진출하지만, 파트너가 된 유일한 감독은 아이의 상태는 살피지 않고 빡빡한 연습만 요구할 뿐이다. 기뻐할 때조차 영광이와 눈을 마주치지도 않으며 손도 뿌리친다. 유일한 감독은 허세와 속물근성이 가득한 인물로, 자아상은 높아서 자신은 더 큰 물에서 놀아야 된다고 생각한다. 특별하게 가진 것이 없는 사람일수록 허세를 부리는데 유일한이 딱 그런 인물이다. 온갖 멋있어 보이는 것들을 짜깁기한 대형 뮤지컬이 크게 망한 이후로 기필코 한방에 브로드웨이까지 가겠다며 기회만 엿보고 있다.

　이렇게 타인의 인정을 받기 위해 허세를 부리고, 있어 보이려고 온갖 애를 쓰고, 큰소리 뻥뻥 치는 유일한도 어쩌면 이방인의 입장에서 벗어나기 위해 몸부림을 친 것 아닐까 싶기도 하다. 음악공부를 하러 갔던 미국 맨해튼에서 대학교 청소 일을 하며 열심히 살았지만 경제적 한계로 맨해튼 음대를 다니다 제적을 당한다. 그러다 자신의 진정성을 담은 데모곡을 알아봐준 기획자가 맨해튼 음악대학 로고가 새겨진 시계를 보고 더욱 환대하는 표정을 보고는 가짜 학력을 자신의 학력이라 우쭐대며 살게 됐다. 학생이면서도 일을 하느라 듣지 못하는 존경하는 교수님의 수업을 매일같이 녹음을 해서 들었지만 다른 학생들에게 둘러싸여 있는 교수님에게 말도 못 거는 이방인이었고, 한국에 돌아와서는 출신과 흥행 성적이 중요하게 여겨지는 문화 속에서 진정성을 잃고 허세에 기댄 이방인으로 살아왔다.

　우리의 시선은 수많은 이방인을 만들어낸다. 우리 스스로도 이방인이 되지 않기 위해서 사회에서 요구하는 것들을, 내가 아닌 것들을 잔뜩 얹어서 나를 지운다. 때로는 유일한처럼 가짜마저도 나를 증명하는 그 무엇으로 취하고는 다른 사람을 이방인으로 내모는 일에 동참하고 있는지도 모른다.

이제 유일한은 지금까지와 다른 선택을 하려고 한다. 영광이와 가까워지고 꿈을 지지하게 되면서 스스로 이방인이 되고 영광이는 이방인 자리에서 벗어날 수 있게 모든 것을 고백하며 간절한 부탁을 한다.

"저는 가짜입니다. 하지만 영광이는 아니에요. 그 아이가 무대에 못 올라갈 이유가 없지 않습니까? 누구보다 노력했고, 누구보다 재능도 많고, 지금 시청자들도 저 아이를 원합니다. 그런데 왜요?

저 아이도 크면 나라 지키러 군대 갈 거고, 세금도 꼬박꼬박 낼 거고, 대한민국 국민으로서 의무를 다할 거니까요, 그러니까 조선의 왕도 하게 해야죠."

영광이의 피부색이 '조선의 왕 정조' 주인공에 맞지 않아서 부담스럽다며 결승을 포기시키기 위해 유일한에게 제공한, 큰 작품을 맡을 기회와 학력 위조를 폭로하지 않겠다는 약속도 뿌리치고 무릎을 꿇으며 간절하게 호소한다. 이로써 유일한은 그토록 바꾸고 싶던 자신의 현실은 바꾸지 못했지만 영광이의 '현실'은 바꿨다.

우리의 시선이 새로운 현실을 만들어낸다

"옛날이랑은 달라져서 다문화가정에 대해 이해하고 있고…."
"왜 우리가 이해되어야 하죠?"

영광이의 엄마는 집 나간 남편을 기다리다 영광이를 데리고 필리핀으로 재귀화할 것을 결심했다. 한국에서 행복할 거라는 기대를 비롯해 영광이가 무대에 설 수 있을 거라는 기대까지 어느 것 하나 무너지지 않은 게 없다. 영광이가 필리핀에 가기 싫어하는 것도, 그래서 필리핀어를 열심히 배우지 않는 것도, 한국에 남기 위해 아빠를 간절하게 찾는 것도 알고 있지만 기대가 무너지는 삶은 지금까지만으로도 충분히 버거웠다. 그래서 '다문화'로 불리면서 영광이까지 한국에서 이방인 취급을 받으며 사는 것보다 돌아가는 게 나을 거라고 판단한다.

"다문화는 문화를 가리키는 거잖아요. 우리는 사람이잖아요. 왜 우리한테 다문화라 그래요? 한국 사람들에게 우리는 사람으로도 안 보인다는 거예요? 학교에서 강의하러 가도 우리 보고 '다문화 왔네.' 이렇게 말해요."[21]

이 사회에 어느새 자리 잡은 '다문화'라는 용어는 국적이 다른 부부로 이루어진 가정을 가리키는 것이 아니라 아시아권에서 결혼을 통해 한국으로 이주한 여성 가정을 가리키는 말로 자리 잡았다. 그리고 이말은 정책 차원에 머무는 것을 넘어 오히려 그들을 분류하는 용어가되었다.

한국인 아버지가 존재하지만, 사회적 약자에 해당하는 외국인 어머니를 중심으로 다문화 가족이라고 명명하고 그 자녀들을 다문화가정 자녀라고 부르고 있다. 자녀들은 학교에서 다문화가정 자녀로 분류된다. 또한 다문화 자녀는 엄마가 외국인이어서 한국 아이들처럼 올바르거나 잘하지 못할 것이라는 편견이 자녀들을 괴롭히고 있다.[22]

영화에서 성준이를 친구들이 "야 아프리카!"라고 부르는데 이는 실제로 아이들이 겪고 있는 일이다. 그렇다면 이것이 그렇게 부르는 아이들만의 문제일까? 우리가 얼마나 아프리카에 대해, 그리고 다른 사람에 대해 아는 것이 협소했으면 피부색만 보고 그렇게 부르는 걸까?

적응을 돕기 위해 맞춤형 지원과 교육은 필요하다. 그렇지만 이것이 정책 지원 차원을 넘어서 사람을 분류하고 낙인하고 존재를 규정하는 방식으로 쓰인다면 어떻게 해야 상처를 주지 않으면서 실행할 수 있을지 검토가 필요하지 않겠는가?

"다문화가정 자녀라는 말을 만들어 가지고 '편견'을 심어 주는 것 같아요. 학교에서 애들을 특별하게 모아서 구분하고, 모이게 하는 것은 아이들이 정말 싫어해요. 학교에서 구분하면 사회에서도 구분하고 다문화가족 자녀들만을 위한 세상을 만들어 주나요? 그런 세상은 없는데 자꾸 구분하면 어떻게 적응할 수 있을까요?"[23]

이렇듯 다문화가정, 다문화자녀, 다문화아이들이라는 용어가 정책이 아니라 사람을 향해서 날아들 때 당사자가 느낄 밀쳐내지는 감정을 우리 사회는 헤아리고 있을까?

한 가지 덧붙이고 싶은 게 있다. 가끔 이런 이야기를 듣는다.

"다문화아이들을 잘 키우면 우리나라에 보탬이 되는 인재가 될 겁니다. 그렇기에 이 아이들에게 소홀한 것은 국가적 손실입니다."

이런 차원의 접근을 아동 권리 감수성에서는 끌어오고 싶지 않다. 아이들을 인재화하는 것이 아이들의 현재 삶을 생략시키는 것에 동참하는 셈이 되는 경우를 많이 봐오지 않았는가. 그저 지금 한 아이를 향해서 우리는 어떤 시선을 가지고 있는지 점검하는 것, 그리고 조금 더 세심하게 살펴서 아이들에게 단지 피부색만으로 다문화라 불리고, 꿈마저 체념하게 만드는 이상한 현실을 제공하지 않는 것, 그것에 목표를 두고자 한다.

모르면 멀어지고 알면 가까워진다. 허세 가득한 유일한 감독이 영광이를 알아가면서 시선이 달라진 것처럼, 우리가 영화를 보는 내내 영광이를 응원한 것처럼, 내 가까이에 있지 않더라도 알아가는 것처럼. 우리의 시선이 모여 아이들의 현실이 된다. 마음껏 꿈꿀 수 있는 현실이 '현실적으로'가 되는 그런 현실 말이다.

도가니

'여기 아이들이 있어요'

당신이 같이 아파할 걸 알고 있었습니다

"내가 말하면 정말 그 사람들 벌 받게 해줄 수 있어요?"

한 아이가 와서 이렇게 묻는다면 당신은 이 시대의 어른으로서

"그래, 내가 약속할게."

라고 답변할 수 있을까? 그 아이는 그동안 주변 어른들 때문에 너무나도 고통스러운 시간을 보냈고, 그 사람들이 아이에게 저지른 행동은 분명하게 범죄이기에 더 이상 아이를 괴롭히지 않도록 중지시키는 건 물론이고 아이에게 용서를 빌게 하고 그동안의 범죄는 법의 정당한 심판을 받을 수 있게 하겠다고, 내 그러겠노라고 약속할 수 있겠는가?

이 질문이 무거워 보이겠지만, 나는 확신한다. 당신은 아이의 고통을 그냥 지나치지 않고

"괜찮아, 말해봐. 같이 경찰서에 가자, 내가 신고해줄게. 걱정하지 말고."

라고 말할 거라고…. 왜냐하면 아이의 고통 앞에서 나 몰라라 하거나, 나도 그 사람들과 한 패가 되어서 아이를 같이 고통스럽게 하는 사람들보다, 아이의 고통에 같이 가슴 아파하면서 도와줄 수 있는 방법을 최대한 알아보고 아이를 보호하려는 사람들이 더 많다는 걸 믿기 때문이다. 당신이 그런 사람 중 한 명이며, 이 책을 읽고 있다는 것이 그 증거다.

인호가 그렇다. 인호는 저마다 하나쯤은 있는 유약한 사연을 가진 평

범한 사람이다. 여기에서 평범하다는 것은 위인전에나 나올 법한 타고난 정의로움으로 가득 찬 사람이거나, 비범한 능력과 상대방을 한방에 제압하는 싸움 기술 등을 가진 사람이 아니라, 일자리를 얻기 위해 불의와 적당히 타협하고, 가족에 대한 부채감을 갖고 이제 조금은 안정적으로 살아보려고 노력하는 그런 사람이라는 뜻이다.

그래서 민수를 처참하게 때리고 더 때리기 위해 골프채를 들고 막무가내로 끌고 나오는 박보현 선생님과 마주치는 그 순간 자신의 모습이 너무나 부끄러웠을 것이다. 앞서 취직을 위해 5천만 원을 뇌물로 줬고, 그들이 나쁜 짓을 했다는 걸 이미 알고 있으면서 교장이 좋아한다는 난초를 들고 교장실 문 앞에 서 있는 자신의 비겁한 모습이 말이다. 부끄러움의 크기는 생계의 크기를 넘어버리면서 분노가 되고 부끄러움의 화분은 민수를 구출하는 용도로 전환되어 민수를 끌고 가고 있는 박보현 선생님의 머리를 내리친다.

소설 《도가니》를 읽은 '많은' 사람이 아이들의 고통에 같이 아파하고, 가해자들의 반성 없는 태도와 권력자들이 한통속이 되어 법망을 빠져나가는 내용에 같이 분노했다. 이렇게 같이 아파하고 같이 분노했기에 〈도가니〉 영화와 일명 '도가니법'이 만들어질 수 있었다.

"권력 있는 자들이 가지지 못하거나 약한 자들을 괴롭히는 현상을 보고 소설 '도가니'를 꼭 영화화했으면 좋겠다는 얘기를 듣고 이런 배우가 '도가니'의 주인공이 돼야 하지 않겠나 싶었다."

- 공지영 인터뷰 중에서[24]

소설 《도가니》의 영화화는 배우 공유의 제안에서 시작되었다고 한다. 선물로 받은 《도가니》를 읽고 이 소설이 꼭 영화화되면 좋겠다고 생각했고 행동으로 옮겼다. 소설을 읽으며 배우가 아니라 이 사회를 살아가는 구성원으로서 이 내용을 스크린으로 옮겨 사람들이 더 많이 이걸 봤으면 좋겠다는 생각을 했다고 한다.[25]

이처럼 한 사람이 '함께 아파하는 것'은 거기에 머물지 않고 더 많은 사람에게 함께 아파할 기회를 주고, 이는 또한 어딘가에서 숨죽여 고통받는 약자들을 구출할 수 있는 길을 만든다. 그리고 관심이 모여서 만든 이 길은, 한 아이가 자신이 당한 폭력을 얘기할 수 있게 하고 들은 사람은 벌 받게 해주겠다는 약속을 힘 있게 할 수 있는 사회를 만들 수 있다.

나는 어떻게 기여하고 있을까?

영화 전에 소설 《도가니》가 있었다. 영화를 만든 황동혁 감독은 영화는 소설의 충격을 반으로 줄인 것이고, 소설은 실화의 충격을 반으로 줄인 것이라고 말했다. 《도가니》를 읽은 사람은 이 말에 깊이 공감할 거다. 나 역시 소설을 읽는 내내 눈으로 글씨를 읽는 게 아니라 송곳으로 마음을 쿡쿡 찍으며 한 장 한 장 무겁게 넘겼다. 아이들이 당하는 성폭행과 폭력 묘사가 너무나 상세해서 어떤 것은 빠르게 지나가고 싶을 정도였지만, 실제 겪었던 아이들의 고통을 생각하면 결코 그럴 수 없었다. 그럼에도 소설은 실화의 절반이라니 5년 넘게 아이들이 겪어냈어야 할 참혹한 고통을 짐작이나 할 수 있을까? 그렇기에 《도가니》를 집필한 공지영 작가는 꼭 필요한 묘사였다고 말했다.

"그걸 다 생략하고 가면 그 처참함을 알까요? 아이들이 겪은 사건이 얼마나 끔찍했는지 알아야 그 재판 결과도 얼마나 끔찍했는지 알 수 있어요."[26]

청각장애인 특수학교인 인화학교에서 교장, 행정실장을 비롯한 학교 내 다수의 권력형 가해자가 다수의 학생들을 대상으로 무려 5년 동안이나 성폭행과 폭력을 저질렀는데, 실제 법정에서 집행유예가 선고되었다. 집행유예라는 말도 안 되는 형량이 수어로 통역되는 순간 법정 안은 청각장애인들이 내는 알 수 없는 울부짖음으로 가득 찼다고 한다. 이 기사를 본 공지영 작가는 인터넷 포털사이트에 취재를 기반으로 하여 소설을 연재하기 시작했고 그것이 《도가니》라는 소설로, 그리고 영화로 이어진 것이다.

문학과 영화에 세상을 바꿀 수 있는 힘이 있다는 사실을 마주할 때마다 탄복하게 된다. 글과 노래, 그림과 영상에는 세상에서 소외된 이들을 제대로 돌아보게 하는 힘이 있다. 그런데 힘을 발휘하는 핵심은 작품 자체라기보다는 '반응'이다. 수많은 이의 반응이, 고통받는 이들이 조금이라도 위안받을 수 있게 재수사하도록 했고, 새로운 법이 제정되는 데 보탬이 되었다. 집행유예라는 말도 안 되는 법정 현장의 울부짖음에 반응한 취재기자와 작가 공지영, 배우 공유 그리고 소설과 영화에 반응한 우리가 함께 이끌어낸 변화다.

예를 들어, 누가 누군가를 비하하면서 주변을 웃기려고 할 때 그 자리에는 그런 유머에 같이 웃는 사람이 있고 같이 웃지 않는 사람이 있다. 같이 웃는 사람도, 같이 웃지 않는 사람도 둘 다 사회적 기여에 동참하는 것이다. 같이 웃는 사람은 남을 비하하건 말건 그냥 웃기면 끝이라는 사회적 생각에 기여하고 있고, 같이 웃지 않는 사람은 남을 비하하며 웃기는 일은 별로 웃긴 일이 아니라는 사회적 생각에 기여한다. 누군가를 비하하는 유머에 같이 웃지 않는 사람이 많을수록 비하는 사회 안에 설 자리를 잃는다. 마침내 아무도 웃지 않는다면 끝내 이런 유머는 사회에서 완전히 사라질 수도 있다. 인화학교 사건처럼 거대하고 참혹한 사건에 대한 반응부터 일상에서 유머를 가장해 일어나는 비하까지 우리의 반응은 이렇게 사회를 만들고 역사를 만든다. 내가 의도하든 의도하지 않든 말이다.

"그런 유머 불편합니다."

라는 말이 비하를 멈추게 하는 강력한 힘이지만, 웃지 않는 것 또한 비하를 멈추게 하는 힘이다. 약자를 향해 일어나는 성폭행과 폭력에 같이 울고 분노하는 것도 멈추게 하는 힘이다. 그리고 만약에 당신이 글을 쓰거나, 노래를 만들거나, 그림을 그리거나, 영상을 만드는 일을 한다면 그것을 통해서도 역사에 기여하게 된다. 그 방향이 무엇이든 말이다.

이 책을 쓰기 위해 여러 영화 중 〈도가니〉를 선정한 이유는 영화 내용을 넘어서 사람들의 반응으로 '도가니법'이 제정된 과정을 같이 이야기하고 싶어서다.

조금씩 나아지는 결말을 위한 싸움

인호는 청각장애인학교 자애학원에 미술교사로 일하기 시작했다. 자신을 경계하는 학생들의 눈빛이나 얼굴에 잔뜩 멍이 들어서 수업시간에 늦게 들어오는 아이, 창문에 위험하게 앉아 있어서 안아서 내렸더니 너무나 기겁을 하며 몸을 피하는 아이. 이상한 분위기는 곧 실체가 되어 눈앞에 펼쳐진다. 한 선생님은 교무실에서 민수를 막무가내로 때리고, 기숙사 생활지도 선생님은 돌아가는 세탁기에 연두의 머리를 넣고는 물고문을 한다. 두 선생님은 이렇게 말한다.

"어제 기숙사를 몰래 빠져나갔어요. 아, 얼마나 걱정을 했는지, 한잠도 못 잤습니다."

"교육하는 중입니다."

물고문으로 기절한 연두를 병원에 데려갔다가 인호는 더 충격적인 사실을 알게 된다. 교장과 행정실장 그리고 선생님이 학생들을 성폭행했고 이는 오래전부터 있었던 일이라는 걸…. 이들은 특히 부모가 없는 학생, 부모가 지적장애를 가지고 있거나 병석에 누워 있는, 보호자가 유약한 학생을 골라서 범죄를 저질러 왔다.

인호와 인권운동센터 유진은 피해 아이들에게 그동안 당했던 일을 말하게 하고 경찰에 신고하지만 경찰은 수사할 의지가 없다.

"어찌 귀머거리 애기들 얘기 듣고 그분한테 수갑을 채웁니까? 요새는 인권이네 뭐네 그래서 함부로 연행도 못 해요."

인권을 수호해야 하는 경찰이 피해자를 두고 귀머거리 운운하면서 가해자 인권을 말하고 있다니….

다행히도 한 언론사의 취재로 세상에 범죄가 알려지고 가해자들은 구속되어 조사를 받지만 이때부터 만나는 현실은 오히려 더 암담하다.

첫 재판은 무조건 이기게 해주는 전관예우 변호사 선임, 교장이 장로로 있는 교회에서 무죄를 주장하며 피해 아이들에게 은혜도 모른다며 2차 가해를 하는 말들, 소견서를 가해자에게 유리하도록 다시 작성한 교장 아내의 동창인 의사, 절대 빠져나갈 수 없는 녹화된 증거를 제출했지만 가해자의 회유에 넘어간 검사. 부정한 결탁이 모인 권력 덩어리는 너무나 힘이 세서 법정에서 마지막에 웃는 자들은 가해자들이었고 울부짖고 가슴을 쥐어뜯는 쪽은 피해자 쪽이었다.

민수는 드디어 증인으로서 자신과 동생이 당한 성폭행과 폭력을 잘 증언하고 싶어서 연습하다가 가해자들이 할머니에게 돈을 주고 합의를 해서 증언할 수 없게 된 사실을 알게 된다.

"누가 용서를 해요. 내가 용서를 안 했는데…. 나랑 동생한테 잘못했다고 빌지도 않았는데…."

법이 하지 않는 처벌을 민수는 자신이 하기로 한 것일까? 박보현 선생님을 힘으로 이길 수 없어서 온몸을 던져야만, 자신의 목숨까지 던져야만 처벌할 수 있는 현실이 그저 가슴이 미어지고 암담하다.

소설을 읽으며 결말에서 통쾌하게 가해자들이 처벌되기를 바랐지만 현실이 그렇지 않았기에 그런 결말은 오히려 현실과 동떨어진 허구가 된다. 소설 내용을 알기에 영화 결말만큼은 모조리 응징했으면 하는 희망이 일었지만 눈으로 보니 더 먹먹한 결말이었다.

소설에 이어서 영화 개봉 이후 '성폭력 범죄의 처벌 등에 관한 특례법 개정안'이 2011년 10월 28일 통과되었다. 이 법은 '도가니법'이라는 별칭으로도 불린다.

개정된 법률 내용은 친고조항(피해자가 직접 신고해야 처벌할 수 있다는 조항)을 삭제하였고, 피해자의 동의와 상관없이 처벌할 수 있게 된 것이다. 장애인과 13세 미만의 아동을 성폭행했을 경우 항거 불능(어떤 행위에 대한 저항이 불가능한 상태) 조항을 삭제하고 형량을 대폭 늘려 최대 무기징역까지 가능하게 했다. 또한 장애인 여성과 13세 미만 아동에 대한 성폭행 범죄의 공소시효도 폐지되어서 언제 일어난 일이든 상관없이 처벌이 가능하게 되었다.

"연두와 유리에게 물어봤어요. 이 일이 있기 전과 있은 후에 제일 달라진 게 뭐냐고…. 아이들이 그러더라고요. 우리도 다른 사람들과 똑같이 소중한 사람이라는 걸 알게 된 거라고. 이렇게 잘 커가는 아이들을 보면서 그런 생각이 들었어요. 우리가 싸워야 하는 건 세상을 바꾸기 위해서가 아니라 세상이 우리를 바꾸지 못하게 하기 위해서라고."

'모든 인간은 존엄하다'는 인권의 전제는 종종(혹은 자주…) '돈과 권력에 따라 인간의 존엄은 달라진다'로 변한다. '모든 인간'에서 '모든'은 인간이라면 어느 누구도 예외가 없다는 말이다. 우리가 소설과 영화를 보고 반응한 것처럼 현실에 일어나는 일들에 같이 울고 분노하고 반응한다면, 돈과 권력 따위에 조금은 인권의 자리를 덜 내줄 수 있지 않을까? 그리하여 서로에게 이런 말을 자주 건네면 좋겠다.

"이 일로 같이 분노할 수 있어서 힘이 됩니다."

증인

이 영화로 '참여권'을
이야기할 수밖에 없는 이유

아동은 이미 사회 안에 함께하고 있다

"최근 가장 가슴 아팠던 사회 뉴스는 무엇인가요?"

이 질문을 화두로 아동·청소년과 토론하는 시간은 항상 흥미롭고 번번이 새롭다. 10대 초반부터 후반의 아동들과 사회 뉴스를 나누다 보면 깊은 유대감을 느낀다. 최근에 자신이 접했던 뉴스들 중에서 하나를 골라 그 뉴스가 왜 가슴 아픈지를 얘기하는 건데, 그날 들은 뉴스부터 3~4개월 전 뉴스까지 다양한 이야기가 나온다.

한 가지 뉴스를 몇 개월 동안 주시한 아이도 있고, 어떤 아이는 댓글 내용까지 분석해서 말하기도 한다. '그냥 가슴 아팠다'부터 왜 그 뉴스에 관심을 가져야 하는지까지 얘기하다 보면 확장이 일어난다. 같은 뉴스를 꼽아도 서로 가슴 아픈 이유가 다르다. 그렇게 서로 이야기 나누며 몰랐던 뉴스를 접하면서 새로운 관심을 기울이는 모습을 보게 된다. 아이들은 쉬는 시간에도 모여서 자신이 추가로 알고 있는 정보나 미처 하지 못한 이야기를 더 나누기도 한다.

한번은 몇 년 전에 한 정치인이 청소년 참정권과 관련하여 한 발언을 어떤 아이가 언급하면서 교실 전체가 대토론의 장이 된 적도 있다. 그런 시간을 통해 나 또한 아이들이 '생각보다' 사회에 관심이 많고, '생각보다' 더 다채로운 범위에 관심을 갖는다는 걸 발견한다. 방금 언급한 '생각보다'라는 말은 분명, 대부분의 어른이 이 시간을 함께하면 내놓을 단어라고 생각한다. 왜냐하면 아이들과 어른들이 함께 사회 뉴스를 놓고 토론할 기회가 그다지 많지 않기 때문이다. 가정에서, 학교에서, 학원에서, 친구들 사이에 오가는 "그런 일이 있었대."를 넘어 그것에 대해 느끼는 감정과 비판, 대안 등을 다양한 연령층이 모여서 나눌 기회가 거의 없다. 그런 시간이 별로 주어지지 않음에도 아이들이 저마다 머릿속에 담아놓았던 생각을 꺼내며 생각이 확장되고 관심의 크기가 커지는 걸 보면서 이미 아이들은 사회와 연결되어 있고 더 밀접하게 연결되고 싶어 한다는 걸 다시 한 번 깨닫는다.

주변 어른들이 나누는 얘기를 듣고 그 순간에 같이 의견을 나누지는 않았지만 떠올랐던 생각들을 기회가 되니 내놓는 것이다. 뉴스를 접하는 경로도 SNS, 유튜브, 포털사이트 등 채널이 다양하다. 아이들의 모습을 보면서 나 역시 생각이 많아진다. 아이들은 이 사회 안에 이미 머물고 있는데 사회에서는 아이들을 사회 속에 있다고 인지하지 못하고 있는 것은 아닌가 하는 생각 말이다.

유엔아동권리협약에서 아동 참여권은 생존권, 보호권, 발달권보다 훨씬 갈 길이 멀다. 아동의 참여 권리란, "아동이 본인에게 영향을 미치는 모든 문제에 있어서 자유롭게 견해를 표하고 존중받을 권리, 표현의 자유, 사상·양심 및 종교의 자유, 평화로운 방법으로 모임을 자유롭게 열 수 있는 권리, 사생활을 보호받을 권리, 유익한 정보를 얻을 권리 등을 그 내용으로 한다."[27]

2020년부터 만 18세로 선거권 연령이 하향되어 선거에 투표하고 직접 출마할 수 있게 되었고, 만 16세 이상 청소년들은 정당 가입과 활동을 할 수 있게 되었다. 그렇지만 정당 가입을 하기 위해서는 법정대리인 동의서를 제출해야 하고, 정당 활동은 가능하지만 선거권과 피선거권이 없으면 선거운동을 할 수 없어서 참여에 제약을 받는다.[28]

서울 일부 고등학교의 학칙에는 학생회 회원일 경우 정당 혹은 정치 관련 단체에 가입해 정치활동을 할 수 없게 명시되어 있다.[29]

이렇듯 학교의 학칙이 아동 4대 권리 중 하나인 참여권을 침해하는 경우도 있다. 아동·청소년 대상으로 어린이의회, 청소년의회 등 다양한 정치, 정책 참여 사업을 지자체에서 운영하고 있고 민주시민교육이 강조되면서도 동시에 참여권은 여전히 보장되지 않는 현실이 아이러니하다.

참여권 이야기를 영화 〈증인〉으로 할 수밖에 없는 이유는, 아동 참여권 사례를 실질적으로 찾아보기 어렵고, 아동 참여권에 대한 연구도 다른 권리에 비해 상대적으로 적기 때문이다. 학교를 비롯한 교육 현장은 물론이고 아동과 청소년 스스로도 참여권이 뭔지 모르는 경우가 허다하다. 그런 차원에서 우리 사회가 아동·청소년을 시민으로 인정하는 데 있어 부족한 시각은 이 영화의 주인공 지우가 자폐인이라는 이유로 증인으로서 자격이 있는지 없는지를 논의하는 내용과 비슷한 면이 많다. 영화 내내 등장하는 자폐인 지우에 대한 편견과 몰이해가 이런 측면에서 공감될 것이다.

보고 싶은 것만 보는 건 제대로 보는 게 아니다

지우는 이웃집에서 일어난 살인사건의 유일한 목격자다. 영화는 지우가 목격하는 장면을 보여주지만 지우가 들었던 소리는 관객에게 들려주지 않음으로써 관객 역시 지우의 말이 사실인지 아닌지 의구심을 갖고 따라가도록 만든다. 관객은 주인공에게 감정이입을 빠르게 하기 때문에 어느 정도 지우의 편이 된 상태에서 지우를 향한 편견을 마주하며, 자신이 가진 의구심과 타인의 의구심에 대한 반감을 동시에 갖게 된다.

증인 지우의 등장으로 범인으로 지목된 미란의 변호사인 순호는 지우의 증언이 법적 효력을 갖지 않게 하기 위해 지우와 가까워지는 인물이다. 가까워지기 위해 노력하고 진정성 있게 소통하면서 지우를 이해하려는 이유가 지우가 증인으로서 자격이 없다는 걸 밝혀내기 위함이라는 게 함정이다.

자폐인 지우를 향한 편견은 말이 되어 순호의 입에서 쏟아져 나온다.

"얘가 증인이라고? 장난쳐?"

지우가 검사에게 자신이 목격한 내용을 증언한 영상을 본 순호의 첫 반응이다. 옆에 있던 사무원은 이렇게 말한다.

"얘를 법정에만 세우면 게임 끝일 것 같은데요."

이 말은 유일한 증인이지만 법정에서 자폐 행동을 보여주면 증언 자체가 의미 없어져서 순호의 의뢰인 미란이 무죄로 풀려날 거라는 말이다.

"목격자가 만 15세네요. 거기다 자폐아."

증인이 나이가 어린 것도 신빙성에 한계가 있는데 거기에 자폐아라면 증언을 믿을 수 있겠냐는 의미가 내포되어 있다.

"막말로 (정신 이상한) 걔 말만 듣고서 그렇게 확 처넣는 게 어딨어요?"

범인으로 지목된 미란과 지우를 모두 알고 있는 동네 주민의 말이다. 지우가 아니라 다른 사람이었어도 이런 말을 했을까?

벽시계 초침 소리도 귀를 막을 정도의 소음으로 들리는 지우는 용기를 내 법정에 증인으로 선다. 주변 환경이 모두 낯설고 불편하고 버겁지만 자신이 목격한 사실을 그대로 얘기하는 '증인'으로서 용기를 낸 것이다. 그렇지만 법정에서 지우를 향한 변호인단의 말은 지우와 지우 가족을 아프게 한다.

"애초에 증인으로서 부적격입니다."

순호는 영화 초반 지우의 증언이 증거 능력이 있는지 자문을 구하러 증언 영상을 들고 자폐 전문 의사를 찾아갔었다. 자신 눈에는 지우가 그저 다섯 살 어린아이 같다는 말에 의사는 이렇게 이야기한다.

"하는 행동 때문에 그렇게 보이죠. 엄청 산만해요. 근데 얘가 말하는 걸 가만히 들어보세요. 말에 조리가 있잖아요. 무슨 꼬마교수님마냥."

순호는 전문가의 말대로 지우를 더 알아가기 위해 자폐인에 대해 공부하고, 매일같이 찾아가면서 지우와 친해진다. 지우가 좋아하는 수학 퀴즈를 내고, 친구로부터 지우를 보호하고, 지우를 걱정하고 병원에 데려가는 등의 일을 겪으면서 지우도 순호에게 마음을 연다.

그렇게 관계를 쌓아온 지우를 향해 순호는 법정에서 이렇게 말한다.

"정상인도 오판할 수 있는 상황에서 증인과 같은 '정신병'을 가지고 있는 사람은 판단할 능력이 부족합니다."

법정의 모든 사람들 앞에서 그리고 지우가 지켜보는 앞에서….

권리에 자격과 증명이 필요한 건가요?

이 영화는 재판에서 증인의 말이 사실인지 아닌지를 다루는 게 아니라, 증인 자체가 증인으로서 자격이 있는지 없는지를 판단하고 있는 사람들의 편견에 중점을 둔다. 자폐인이기에 증인으로서 자격이 없고 자폐인이 한 말은 그 어떤 말도 믿을 수 없다는 걸 밝혀내는 데 주력하고 있는, 인권을 수호하는 법정에서의 다툼을 말이다. 이 과정에서 등장인물들은 자폐인에 대해 제대로 알아보고 자격을 따지는 게 아니라, 잘 모르면서 혹은 제대로 알려고 노력하지도 않고 자격을 운운한다.

법정에서 자폐인에 대한 책에 나오는 "그들은 표정을 판단하는 것을 어려워한다"는 문장을 근거로 지우가 본 미란의 표정이 웃는 건지 놀라는 건지 알 수 없기에 증언이 진실이 아니라고 말한다. 그렇지만 그 책에는 "오히려 그들은 청각이 예민해서 멀리서도 작은 소리를 정확하게 들을 수 있는 능력이 있다"고도 쓰여 있다. 자폐인에 대해서 정말 궁금해하는 것이 아니라 자신의 편견을 뒷받침하는 정보만 선택한 것이다. 우리는 때로 정보와 근거를 통해 어떤 판단을 할지 선택하는 게 아니라, 이미 판단해놓고 그 판단에 맞는 정보와 근거를 선택한다.

지우가 증인으로서 자격이 있는지 없는지를 얘기하는 부분이 아동에 대한 이 사회의 판단과 매우 닮아있다. 지우가 이미 대한민국 사회의 시민이듯이 아동 역시 사회의 시민이다. 그런데 아동이 시민이라는 것은 인정하면서도 시민으로서의 권리에 대해서는 자격이 있는지 없는지를 따진다.

아동이 자신의 의견을 얘기할 때면 유독 미성숙을 들이댄다. 아동은 아직 어리고, 경험이 없고 미성숙해서 제대로 된 의견과 제안을 하기 어렵다는 잣대를 들이민다. 시민으로서의 권리는 경험이 많고 적음, 성숙과 미성숙을 기준으로 주어지는 게 아니다. 이런 잣대를 아동에게 적용하려면 아이부터 어른까지 모든 사람들에게 성숙도 테스트를 해야 하지 않을까?

왜 유독 아동·청소년의 권리 얘기를 할 때 자격을 운운하고 의무를 운운하는 걸까? 아동·청소년의 권리를 이야기하면 의무를 다하면서 요구하라는 말들을 한다. 권리와 의무는 등가 교환의 관계가 아니다. 내가 이만큼 시민으로서 의무를 수행했으니 내가 한 만큼 권리를 달라고 요구하는 차원이 아니다. 시민의 권리는 한 사회의 시민이기에 주어지는 것이다. 그리고 시민의 참여로 사회가 만들어질 때 민주사회라 불린다.

하지만 아동에게 참여권이 분명하게 있음에도 참여를 했다는 이유로, 의견을 냈다는 이유로 징계를 받은 사례가 최근까지도 일어나고 있다. 중학교에서 두발자유 학내시위를 했다는 이유로 징계하거나, 0교시 폐지를 요구하며 학교 안에서 서명을 받고 촛불집회를 준비했다고 선도위원회를 여는 일이 계속 있어왔다. 최근 한 학생이 기후를 위한 결석시위에 참석하겠다고 뜻을 밝히자 '그런 시위에 참가할 경우 징계위원회에 넘기겠다'고 학교에서 압박을 한 사례도 있다. 학생의 시위 참가는 학교의 명예를 실추한다는 것이 학교의 주 징계 이유인데, 시민으로서의 사회 참여가 학교 명예를 실추한다는 논리가 안타깝다.

청소년 정책 참여를 위한 토론이나 설문조사, 프로젝트 등이 꽤 있다고 생각하는 사람도 있을 것이다. 문제는 이런 활동이 이벤트성이나 시뮬레이션 형태로만 이뤄진다는 데 있다. 또한 이런 활동에 지속적인 의견 반영이나 피드백이 대부분 제공되지 않는다. 청소년의회에서 만나는 아이들은 몇 년째 이 활동을 하면서 매년 반복되는 얘기를 하고 있는 현실에 힘이 빠진다고 이야기한다.

"아동 참여가 일회성 행사로 그치지 않기 위해서는 아동 의견에 대한 피드백이 제공되어야 한다"는 의견에 전적으로 동의한다. 또한 소수집단이나 배제되기 쉬운 특수성(예를 들어 장애, 이주 등의 배경)을 지닌 아동의 경우에는 별도의 정보와 기회가 제공되어야 하며,[30] 참여 활동 자체가 민주시민으로서의 훈련과정이자 삶이 되어야 한다.

아동도 시민이라는 말이 성립되기 위해서는 실제 시민으로서 참여할 기회가 주어지고, 그들의 참여로 그들의 삶이 달라질 권리를 가질 수 있어야 한다. 우리 사회는 아직 때가 아니라고 소외시키고, 경험이 없다는 이유로 경험을 제공하지 않는다. 미성숙이라는 잣대를 유독 아동·청소년에게 적용해서 시민이 되기 위한 관문이 있는 것처럼 아이들을 사회 안 어느 한 군데에 가둬둔다.

아동에게 참여 권리를 알려줌으로써 스스로를 사회로부터 소외시키지 않도록 하는 출발점이 되기를 바라는 마음으로 영화 〈증인〉으로 초대하였다.

미쓰백

'보호자'를 넘어
연대하는 손

우리가 바라는 해피엔딩

다행이었다. 결말이 해피엔딩이 아니었다면 영화 보는 내내 움켜쥐었던 손에 맥이 탁 풀렸을 것이다. 그리고 무력감이 며칠 동안 계속되었을 것 같다. 영화 내내 두 손을 움켜쥐고 간곡하게 바랐던 세 가지가 있었다.

첫째, 지은이가 안전해질 것

둘째, 상아가 해방될 것

셋째, 두 사람이 함께할 것

이 세 가지 모습으로 끝나지 않을까 봐, 아니 끝나지 않을 것 같아서 조마조마하고 조급했다. 마침내 이 엔딩을 봤을 때 움켜쥐었던 손을 모아 감사와 안도의 박수를 보낼 수 있었다.

그렇지만…

우리 모두는 알고 있다. 지은이처럼 학대받는 아이들이 영화처럼 해피엔딩을 맞이하지 않는다는 걸. 그동안 우리는 수많은 지은이가 그 화사한 웃음으로 환한 걸음을 걷지 못하고 영영 어둠 속에 묻혀버린 걸 알고 있다. 아마 영화를 보는 모두가 위 세 가지 모습을 간절하게 빌었을 것이다. 그렇지만 영화를 보고 있는 우리보다 현실의 수많은 상아와 지은이가 가장 간절하게 빌었을 것임이 틀림없다. 어떻게 해야 상아와 지은이처럼 모든 사람이 해피엔딩을 맞을 수 있을까? 영화를 보며 아파하고 해피엔딩을 바라는 것을 넘어서 내가 할 수 있는 게 뭘까?

오직 방어하는 것으로만 삶을 지켜온 사람들에게서 풍기는 분위기가 있다. 무척 날이 서 있기는 하지만 그렇다고 타인을 찌르는 날카로움은 아니고 그저 다가오지 말라는 얇은 방어막이 유일한 무기인 사람들. 주인공 상아가 그러하다. 그저 맡겨진 일을 묵묵히 할 뿐, 누구와도 말을 섞거나 눈을 살갑게 마주치지 않으며 가까이에 있는 누구에게도 곁을 내주려 하지 않는다. 곁을 내주지 않는 이유는, 누구도 곁에 두기 싫어서가 아니라 더 이상은 상처받기 싫어서다. 마지막 방어선인 셈이다.

상아는 성폭행으로부터 자신을 지키기 위해 방어하다가 전과자가 되었다. 거물급의 아들인 가해자와 보육원 출신 피해자, 숭고한 법과 엄연한 정당방위는 이 이상한 대결에서 밀려나 열아홉 살에 살인미수죄 전과가 생겼다. 그러나 이 큰 사건 전에 상아를 더 아프게 한 것은 알코올 중독이었던 엄마의 폭력이었고, 끝내 엄마가 자신을 버렸다는 사실이다.

소식이 끊겼던 엄마의 사망 소식을 듣고 보러 갔던 이유는 자신을 버리고 간 엄마가 어떤 얼굴로 죽었는지 그저 궁금해서라고 상아는 말한다. 자신에게 보호자가 되어주지 않은 엄마 장례 절차에 자신도 보호자가 되지 않겠다는 건 자신이 얼마나 아팠는지에 대한 작은 하소연일지도 모르겠다.

길거리에 한 아이가 있다. 추운 겨울에 얇은 원피스 하나를 입고 맨발로 쪼그려 앉아있다. 주변에 어른 없이 아이가 그러고 있다는 것만으로도 시선을 끌 법한데 추운 밤 아이는 그저 혼자 그렇게 떨고 있다. 같은 상처는 더 알아보기 쉬운 법이다. 아무에게도 곁을 내주지 않는 상아지만 도저히 그냥 지나가지지 않아서 지은을 포장마차에 데려가 밥을 먹인다. 허겁지겁 밥을 먹는 거나, 물컵을 떨어뜨리고는 손을 올려 얼굴부터 막는 거나, 같이 사는 것으로 보이는 어른이 데리러 왔는데 가지 않으려고 상아의 손을 잡는 모든 모습이 지은이 지금 어떤 삶을 살아가고 있는지 말해준다. 지은은 학대받고 있다.

게임만 하는 아빠와 수시로 때리는 아빠의 여자친구. 지은은 차갑고 어두운 욕실에 투명인간처럼 웅크리고 있다. 언제 어떻게 폭력이 날아들지 몰라 눈치를 살피면 뭘 보냐며 때린다.

얼마나 아프고 무서울까? 저 차갑고 어두운 욕실에서 어떻게 해야 지은을 꺼내올 수 있을까? 아빠의 여자친구는 오늘도 피가 철철 흐를 정도로 지은을 때리고는 샤워기를 틀어 욕실 바닥에 묻은 피만 씻어낸다. 그리고 지은을 쓰러진 그대로 차가운 바닥에 방치한 채 욕실 불을 꺼버린다. 아이를 때리는 것, 때리면서 동시에 위협적인 말을 끝없이 하는 것, 겨울에 찬물을 뿌리는 것, 차가운 욕실 바닥에 그대로 두는 것, 욕실 불을 끄는 것. 어느 것 하나 학대가 아닌 것이 없다. 아이에게 욕실은 불이 켜지면 폭력이 날아들고, 불이 꺼지면 어둠 자체가 폭력이 되는 공간이다.

"미쓰백이라고 불러."

　자신을 보호해줘야 하는 사람으로부터 폭력을 당한 이는 겉보기에는 경계의 모습을 띠더라도 방어막은 두껍지 않을 가능성이 높다. 폭력도 상처지만, 보호자와 연결되고 싶은 열망의 좌절이 더 아팠기에 그 간절함은 마음 어딘가에 깊이 숨겨져 있다. 타인에 대해 촘촘히 경계를 하는 상아가 어딘가 모르게 약해 보이는 건 이 때문일 것이다.

　연약함은 연민을 뚫고 나온다. 상아는 오늘도 맞고 있을지 모를 지은이 신경 쓰여 지은의 집을 찾아가고, 다시 만난 지은에게 따뜻한 겨울옷을 사주고 아동학대 신고를 위해 경찰서에도 같이 간다. 하지만 지은은 경찰에 신고했다는 이유로 또다시 엄청난 폭력을 당하고 더 처참하게 욕실에 갇힌다. 지은은 살기 위해 욕실 좁은 창문으로 탈출을 시도하며 기력 없는 목소리로 "미쓰백" 하고 부른다. 소리가 너무 작아서 아무도 듣지 못하지만, 상아는 직감적으로 듣는 듯하다. 구해야 한다고, 자신을 찾고 있다고, 지은을 구할 사람은 자신밖에 없다고.

　처음 지은과 만난 날, 상아는 자신의 이름을 '미쓰백'이라고 소개한다. 상아는 왜 아줌마, 언니, 이모 등 다양한 호칭을 놔두고 '미쓰백'을 선택했을까? 둘은 서로에게 자신을 소개하는 순간부터 수평의 관계가된다. 아줌마, 언니, 이모 등의 호칭은 친근함을 줄 순 있지만 수직 관계를 형성한다. 우리나라처럼 나이에 따라 서열과 차별이 생겨나기도 하는 문화에서는 더더욱 호칭으로 인해 한쪽에 더 큰 힘과 의무가 생긴다. 아줌마와 어린이, 언니와 동생, 이모와 조카가 아니라 그저 한 사람과 한 사람으로 설정되는 순간이 '미쓰백'이라는 호칭으로 불릴 때다. 그저 김지은과 백상아. 둘은 그렇게 한 사람 대 한 사람으로 대등한 관계로 연결된다.

'어린이와 가볼 만한 곳'

상아는 검색해서 나온 대로 지은을 데리고 놀이공원에 간다. 자신이 엄마에게서 버려진 곳이지만 흔히들 아이들이 좋아한다고 하니 지은도 좋아할 줄 알았다. 그런데 지은의 눈은 놀이공원 옆에 있는 바다로 향한다. 소란스러움보다는 고요함이 좋다는 듯이 둘은 고즈넉한 바다와 하늘을 가만히 바라보고 지은은 상아의 손을 잡는다. 처음 잡은 손이 집으로 가고 싶지 않다는 간절한 손이었다면, 이번에는 함께 있어서 좋다는 손이지 않을까!

지은이 이토록 심한 아동학대를 받고 있는데 도대체 왜 경찰에 신고해도 소용이 없었던 걸까?

영화는 학대받는 아동의 현실을 사실적으로 그려낸다. 학대 아동을 알아보는 첫째 단서가 여름에는 겨울옷을 입고, 겨울에는 여름옷을 입는 것이라고 한다. 즉, 날씨에 맞게 아이의 몸을 살펴주지 않고 무관심하거나 방치하기 때문에 계절과 무관한 옷을 입는 것이다. 여름에도 멍과 상처를 가리기 위해 긴 옷을 입는 경우가 많다. 지은은 한겨울인데도 맨발에 얇고 더러워진 원피스를 입고 있다.

"때리면 돈을 줘요."

때리고 나서 돈을 줘서 입막음 하는 것이나 아이 몸에 난 상처는 아이 스스로 손톱을 물어뜯는 등 자해를 한 거라고 말하는 것도 학대 양육자의 전형적인 모습이다.

상아가 지은을 데리고 경찰서에 갔을 때 경찰이 이런 말을 한다.

"이웃집에서 애 우는 소리도 안 났다고 그러고, 애도 아니라고 하는데…. 좋게 좋게 해결합시다."

보통 학대 아동은 맞으면서 큰 소리로 울 거라고 생각하지만 이 역시 일부의 모습일 뿐이다. 울면 더 맞거나 입에 뭔가를 물리고 때리는 경우도 있어서 지은처럼 무지막지한 폭력을 당하는 경우에도 이웃은 아무 소리도 못 듣는 것이다. 또한 아이는 자신이 폭력을 당했다고 말하면 집에 돌아가 더 큰 폭력이 날아들 것을 직감으로, 경험으로 알고 있다. 이미 수많은 폭력과 협박으로 아이가 자신의 상황을 소상히 말하기 어려운 데다, 폭력을 행사한 대상과 경찰서라는 공간은 그 자체로 아이에게 공포다. 게다가 가해 양육자가 지켜보고 있는데 아이가 무엇을 말할 수 있겠는가….

아동학대가 의심될 경우 아이에게 곧바로

"너 누구한테 맞았니?"

"이 상처 어떻게 생긴 거니?"

라고 묻기 전에 아이를 주변 어른 여럿이서 살펴보면서 정보와 의견을 모으는 게 중요하다. 심각한 학대가 의심된다면 신고를 통해 즉각적으로 양육자와 분리하는 것이 필요하지만 나아가 아이와 자연스럽게 상담 시간을 확보하고, 무엇보다 안전하게 지켜주겠다는 신뢰를 주고 얘기할 수 있도록 한다.

핵심은 지속적인 관찰과 상황을 기록하는 것, 그리고 아이의 진술만으로도 신고가 가능하니 아이가 상황을 털어놓을 수 있도록 편안한 분위기에서 천천히 말할 수 있게 시간 여유를 가지는 것이다.

2021년 보건복지부 자료에 따르면 학대 행위자 83.7%가 친부모였다. 아이들은 자신이 받는 학대도 두렵지만 부모와 떨어지는 것, 자신으로 인해 부모가 경찰서에 가는 것, 부모와 분리되어 자신의 미래가 불투명해지는 것도 두려워한다. 동시에 언젠가는 모든 게 괜찮아져서 자신이 사랑받을 날이 올 거라는 희망을 가지고 있다. 또한 영화 속 지은이처럼 존재를 부정당하는 정서학대를 많이 받은 아이는 부모가 자신을 학대하는 이유가 자신이 문제이기 때문이라는 얘기를 오랫동안 들어왔을 가능성이 높다. 지은은 줄곧 "죄송합니다"를 입에 달고 살다가 상아를 만나고 "고맙습니다"라는 말을 한다.

"나도 지켜줄게요."

이 영화를 주목한 이유는 어른 상아를 구원자로, 아이 지은을 구원 대상자로 설정하지 않았다는 점이다. 상아는 자신이 지은에게 줄 것도 가르칠 것도 없지만 지켜주겠다고 말하며 안아준다. 지은이 그토록 바랐던 따뜻하고 안전한 품이었을 것이다. 이때 지은이,

"나도 지켜줄게요."

하면서 상아의 등을 토닥거리는 장면은 지은을 통해 아동이 보호, 돌봄의 대상만이 아니라는 걸 보여준다. 상아는 욕실에 발을 딛기 두려워하는 지은에게 자신의 등에 있는 학대로 생긴 흉터를 보여준다. 나도 너와 같다고, 네가 무서웠을 그 시간을 나도 안다고, 네가 얼마나 아팠는지 나는 알고 있다고, 지금도 여전히 아프다고….

지은은 그런 상아의 아픔을 같이 느끼며 곁에 있음으로써 상아의 삶에 동행하는 사람이 되겠다고 선언하는 것 같다. 서로를 지키자고….

그렇지만 분명 밝혀두고 싶은 것이 있다. 같은 아픔을 가진 사람만 연대할 수 있는 것이 아니다. 우리 모두는 이 사회에서 이미 동행자로 살아가고 있고, 타인의 아픔을 내가 똑같이 겪지 않아도 아파할 수 있는 존재이며, 작은 관심으로도 연대할 수 있는 힘이 있다.

연대는 함께 아파하는 것에서 시작하고, 누군가 고통을 당할 때 '저러면 안 되는데…' 하고 생각하는 것이 연대의 진화이며, '내가 신고라도 해야겠다'고 나서는 것이 연대 행위다.

차가운 욕실 바닥에서 한겨울에 찬물이 끼얹어진 상태로 방치되어 영영 돌아오지 못한 한 아이, 여행가방 안에서 짓밟혀 고통 속에서 질식하여 영영 돌아오지 못한 한 아이, 빨랫줄과 비닐봉지로 묶인 채로

물고문을 당하다 영영 돌아오지 못한 한 아이, 그리고 또 한 아이, 또 한 아이….

이 사회가 지키지 못한 아이들, 그리고 앞으로 지키지 못할지도 모르는 아이들을 위해 우리가 할 수 있는 건, 오직 적극적 관심이다. 관심이 많이 모이면 연대가 되고, 연대는 서로를 지킬 수 있는 힘을 발휘한다.

이 영화 〈미쓰백〉처럼 오직 연대만이 해피엔딩임을…!

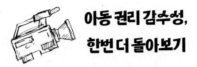

아동 권리 감수성, 한번 더 돌아보기

아동 학대 사건을 뉴스로 접할 때마다 우리는 가슴 아파하고 분노한다. 영화에서 어른이 아이를 때리는 장면이 나오면 그 어느 장면보다 가슴 아프고 보는 게 쉽지 않다. <2023년 아동학대 연차 보고서>에 따르면 최근 5년간 학대 행위자로 부모의 비중이 계속 늘어나 2023년에는 85.9%에 이르렀다고 한다.(정민아(2024), 지난해는 아동학대 가해자의 86%가 '부모'였다 https://n.news.naver.com/mnews/article/057/0001838895?sid=102)

그러나 아동 학대는 비단 부모만의 문제, 가정만의 책임이 아니다. 아동이 속한 가정의 문제라는 인식을 넘어 아동을 방치함으로써 사회가 학대를 자행한다는 성찰이 지속적으로 필요하다.

한 사람 한 사람의 시선과 인식이 사회의 아동 권리 감수성을 높이고, 그러할 때 이 시대의 아이들이 미래 시민이 아닌 현재 시민으로서 존중받으며 행복하게 살아갈 수 있다.

지금까지 여러 영화를 통해 전반적인 아동·청소년에 대한 생각을 함께 나

뉘보았기에 다시 한 번 우리의 인식을 돌아볼 수 있는 문항 12개를 제안한다. 우리가 가진 아동 권리 인식에 척도를 갖다 대고 점수를 내기 위함이 아니라, 다시 돌아보는 시간을 갖고 아직 우리가 더 가야할 길에 대한 공감 혹은 다짐을 해보는 기회가 되었으면 해서다.

각 문장들을 읽으며 단번에 '아니다'라고 고개를 가로젓는지, 한 번 더 곱씹거나 고개를 갸웃하게 되는지 돌아보는 것만으로도 의미가 있을 거라 생각한다. 12개 문항 모두 '아니다'라는 답과 함께 왜 아닌지까지 조목조목 반박할 수 있다면 좋겠지만 혹여 몇 문항은 아직 흔쾌히 '아니다'가 되지 않거나, 문항에서 뭐가 잘못된 것인지 애매할 수도 있을 것이다. 그러하다면, 우리가 더 가야 할 길이 있음을 발견하는 시간이 되면 좋겠다.

1. 아이가 잘못을 반성할 수 있게 직접적 체벌 말고 약한 정도의 벌을 주는 건 필요하다
2. 아이마다 학습 속도가 다르기 때문에 성적에 따라 다른 교육을 제공할 필요가 있다
3. 아이들의 감정을 다 받아주면 이기적인 사람이 될 수 있기 때문에 감정 통제가 필요하다
4. 공부는 때가 있기 때문에 아동·청소년 시기에 집중적으로 이뤄져야 한다
5. 10세 이하의 아이들에게는 친근감을 높이기 위해 반말이 더 적합하다
6. 세대가 분명 다르기 때문에 요즘 아이들은 어려움 없이 자라서 나약한 편

이다

7. 아이가 문제 행동으로 남을 힘들게 한다면 그건 양육자만의 책임이다

8. 18세 미만의 정치 참여는 양육자의 영향을 많이 받기 때문에 아직 이르다고 생각한다

9. 사춘기 시기는 스스로 충분히 컸다는 생각 때문에 어른에게 반항할 수밖에 없다

10. 꿈은 하나를 뚜렷하게 정하고 지속적일 때 이뤄질 가능성이 더 커진다

11. 아이들은 종교에 대해 잘 모르기 때문에 먼저 양육자의 권유에 따르는게 좋다

12. 아이들이 시위 등에 참여하는 건 위험할 수 있기 때문에 다른 참여를 권해야 한다

맺음말

얼마 전 문화인류학자 조한혜정 선생님의 토크콘서트에서 들은 이
야기가 나를 한 번 더 일깨웠다. 산책을 간다는 말을 '문안인사 간다'는
말로 바꾸셨다고 한다. 산책이라는 말을 평소 좋아하고 자주 사용하는
나에게 산책의 자리에 문안이 들어오는 순간 새로운 세상이 열리는 것
같았다. 나는 그저 지구에 잠시 들러 있는 동안 빌려 쓰는 사람이니 이
자연을 즐긴다는 말보다는 어쩌면 이 공간을 내어준 나보다 훨씬 더 거
대한 어른인 자연에 문안인사를 가는 게 맞는 것 같다.

선생님 역시 이와 같은 의미로 바꾸셨는지 길게 설명하진 않으셨지
만 앞선 생각을 하는 이의 언어는 익숙한 세계에서만 머물지 않고 새로
운 세계로 안내하는 역할을 한다. 이후에도 산책이라는 말을 여전히 사
용하지만 문안인사 가는 마음으로 나서는 길은 왠지 더 발걸음이 정성
스럽게 느껴진다. 내 중심으로 만나는 풍경이 아니라 풍경이 곁을 내어

줌에, 거기 있어줌에 고마운 마음이 크게 올라온다.

익숙한 말은 익숙한 생각에만 머물게 한다. 그러다 같은 존재를 다르게 부르고 표현하는 순간 새로운 관계가 시작된다.

인권 영역에서는 용어를 바꾸는 작업이 아주 중요하다. 이를테면, '저출산'이라는 낳는 대상 중심에서 '저출생'이라는 태어나는 대상 중심의 용어가 한 예다. '학부모-부모-양육자'라는 용어 사용 역시 그러하다. 학부모라는 용어는 학교를 다니지 않거나 부모가 아닌 양육자는 소외시킨다. 부모라는 말 역시 부모가 아닌 양육자나 부모가 없는 경우를 포함할 수 없다. 대안교육에서 '양육자'라는 용어를 사용하는 건 누구도 소외시키거나, 용어만으로 누군가를 외롭게 하지 않겠다는 선언 같은 거다.

영화 할인을 위해 학생증으로 증빙하라고 하는 순간 학교를 다니지 않는 홈스쿨링, 청소년 노동자는 '없는 존재'가 되어버린다.

말이 바뀌면 정작 바뀌는 건 나 자신이 아닐까! '문안인사'라는 말을 들은 다음날 저자 특강으로 한 고등학교에 갔을 때 청소년들에게

"저를 만나주셔서 고마워요."

라고 인사를 했다. 인사를 바꿨을 뿐인데 그 자리가 더욱 소중하고 고맙게 느껴졌다. 새로운 언어 사용은 대상에게 자유를 주고 소외를 줄이기도 하지만 나 자신에게도 해방을 준다.

그러고 보면 편견만큼 나를 자유롭지 못하게 하는 게 또 있을까?

인권을 연구하고 강의하면서부터 어떻게 하면 사람들이 자연스럽게

인권에 관심을 갖게 할 수 있을까 고민하게 되었다. 여기서 '자연스럽게'는 인권이 사회의 필요성이 아니라 나 자신의 필요성이라는 걸 말한다. 누군가를 위해서, 사회를 위해서라는 것 이전에 우리가 인간으로서 연결되어 있을 때 느끼는 안정과 행복에 대해 이야기하고 싶었다. 그런 이야기가 좋은 감독들에 의해 잘 표현된 영화들 덕분에 수월하게 고민을 해결하고 있다.

그런 영화들 중에 특히 영화 〈아이 캔 스피크〉를 발견한 건 행운이었다. '공감'에 대해 이렇게 세심하면서 명료하게 보여주니 인권에서 '공감'에 대해 말하고 싶을 때 이 영화를 소개한다. 옥분과 민재는 가까워지려야 가까워질 수 없는 사람들이다. 살아온 시대와 나이, 성별, 민원을 많이 넣는 주민과 민원을 받아야 하는 공무원, 옥분은 주변 사람에게 관심이 많지만 민재는 정해진 일만 하는 원칙주의자다. 둘의 삶은 교집합이 전혀 없다. 이 '전혀 없다'에서 출발한 두 사람은 영어를 매개로 함께 시간을 보낸다. 옥분은 민재의 동생에게 가끔 저녁을 차려주고 민재는 옥분이 쉽게 영어를 배울 수 있게 '백만송이 장미'에 간단 영어 문장을 녹음해준다. 또 영어만 말해야 하는 알까기나 외국인에게 정해진 시간 동안 말 걸고 오는 미션 등 다채로운 방법으로 영어를 알려준다. 그렇게 서로의 일상이 겹쳐지면서 영어 공부를 넘어 누구에게도 말하지 못했던 삶을 서로에게 들려주는 사이가 된다. 민재는 자신이 미국에 있을 때 부모님이 돌아가신 이야기를 영어로 옥분에게 들려주는데 옥분은 다 알아듣는다. 내용이 아니라 민재의 마음을.

"그런 슬픈 사연이 있었구나. 알아듣진 못하지만 너의 목소리와 표정만으로도 알 수 있어."

이 사회에서 가장 거리가 멀어 보이는 두 사람, 70대 여성과 30대 남성. '두고 보자' 할 때는 도무지 가까워질 기색이 없던 이들이 가장 가까운 사이가 될 수 있다는 걸 영화는 보여주려 했던 게 아닐까? 더 들어가 보면 각자 아픈 사연을 짊어지고 살아가는 '인간'인 것을. 옥분은 자신의 말에 아예 귀 닫기로 작정을 한 사람들 앞에서 민재의 "How are you?"에 힘을 받아 처절하고 충격적인 이야기를 털어놓을 수 있었다. 민재의 한마디는 어쩌면 끝까지 절대 말 못하고 끝났을지도 모를 역사를 내놓게 했다. 공감하고 듣는다는 건 한 사람을 위한 위로를 넘어 역사를 만들어낸다.

이렇게 거리가 아주 멀어 보이는 사람들의 우정을 많은 영화가 보여준다. 〈시네마 천국〉, 〈언터처블〉, 〈기쿠지로의 여름〉, 〈그린 북〉, 〈루카〉, 〈어바웃 어 보이〉 등…. 이런 우정은 영화 안에만 있지 않다. 우리는 생각보다 자주 서로에게 다정하고, 공감하고, 함께 울며, 우정을 나눈다.

세상이 점점 각박해지고 혐오가 넘쳐나며 세상을 향한 분노가 칼이 되어 서로를 찌른다고 말한다. 어떨 때는 세상이 그러한 것으로만 이뤄진 것 같다는 회의감이 들 때도 있다. 분명 역사는 낙천적인 방향으로 흐른다는데, 아동 인권 침해 사건을 접할 때마다 사회가 퇴행하고 있는 건 아닌가 의구심이 들기도 한다. 그렇지만 고개를 더 들어보면 곳곳에 다정한 이들이 있다. 생각보다 촘촘하게. 영화를 보며 가슴 아픈 장면에 같이 아파하는 이들이 있는 한, 다정함이 힘이 셀 거라고 생각한다. 서로에게 더 가까이 가려고 마음을 기울이는 이들이 있는 한, 공감은 여전히 인간을 가장 기운 나게 하고 사회를 만들어가는 데 기여할 것이다.

소년소녀가장, 고아, 사회보호대상자, 저소득층, 청소년노동자, 공장학교. 아동·청소년 시기에 놓일 수 있는 소외 계층에 골고루 혹은 한꺼번에 놓여봤다. 아프고 가난한 양육자에 이은 양육자의 부재는 연민의 대상이기도 했지만 언제 '나쁜 길'로 빠질지 모르는 낙인의 대상이기도 했다. 당시에는 소년소녀가장이라는 말이 그렇게 싫었다. 이 말로 자꾸만 다른 사람들 앞에서 대단하다고 소개되었지만 소개받은 사람들의 눈빛은 순식간에 불쌍함과 대견함을 드러냈었다. 불쌍하게 보는 것은 물론이고 그런 이유 때문에 대견하게 보는 것도 싫었다. 그럼에도 불구하고가 아니라, 그냥 지금 열심히 사는 나로서 대견하고 싶었던 것 같다. 소년소녀가장이라는 용어는 국가와 사회의 책임을 아동(소년소녀)에게 떠넘긴 것이라는 비판을 받기도 하였다. 아동(소년소녀)은 보호 대상이지 가장이 될 수 없기에 유엔아동권리위원회의 권고에 따라 폐지되었고 현재는 소년소녀가정, 가정위탁 보호아동 등의 용어를 사용한다.

그런 시기를 보낸 덕분에 지금 내가 아동·청소년을 만나고 있는지 정확한 인과관계는 모르겠다. 분명한 건, 성인이 되기까지 인수인계하듯이 때마다 좋은 어른들을 만난 덕분에 '좋은 어른'이 되겠다는 꿈이 단단해진 듯하다. 유독 빨리 어른이 되고 싶었던 나는 어른이 되고 나서, 나를 키운 좋은 어른들과 그 어른들 덕분에 좋은 어른이 되겠다고 결심한 그때의 나를 배반할 수가 없어서 아마 이 길을 걷고 있는지도 모르겠다. 그렇지만 나도 시시때때로 아동·청소년들에게 썩 좋지 못한 어른이 된다.

'문제아'로 낙인된 청소년들과 프로그램을 진행할 당시에 나의 목표는 이 아이들을 기필코 '교화'하겠다는 이상한 사명으로 불타 있었다. 나는 청소년 교육 전문가이고 오랜 시간 아이들을 많이 만나왔기에 내가 해내야겠다고 생각했다. 그러나 정작 아이들과 마주하니 내 전문성은 조금도 통하지 않았다. 아니, 내가 이토록 상냥하고 친절하게 말하는데 아이들은 도통 마음을 내어주지 않았다. 뭐가 잘못된 거지? 도대체 나의 어떤 기술이 부족한 거지? 가장 처절하게 몸부림쳤고 나의 한계를 들키는 것 같아서 아이들 만나러 가는 게 너무나 싫었다. 그때 만난 책이 얼 쇼리스의 《희망의 인문학》이었고, 알피 콘의 《경쟁에 반대한다》였다. 내가 아이들을 교화할 대상으로 보고 있었고, 내 능력으로 아이들을 바꿔놓을 수 있다고 자만했고, 아이들 앞에서 말투만 상냥한 진짜 별로인 어른이었던 나를 제대로 직면한 것이다. 지금도 손에 꼽는 독보적인 흑역사다.

내 안에 들어있는 시각과 판단을 제거하기 위해서는 공부할 수밖에 없었고, 매일 반성하고 나의 반성을 고백하며 아이들에게 사과했다. 그러고는 그냥 아이들과 어울려 시간을 보냈다. 내가 목표라고 말하는 것들, 사명이라고 말하는 것들이 그 아이들을 활용하고 있었던 거라는 걸 알기에 그것을 없애고 매일 조금씩 나의 선입견과 싸웠더니 아이들은 조금씩 나를 바라봐주기 시작했다. 아이들이 이태원 어느 노상에서 생일파티를 해줬을 때의 벅찬 마음이 아직도 생생하다. 그때서야 나를 키워낸 좋은 어른들과 조금은 닮은 길을 가고 있구나 생각했다.

영화에 빗대어 설명하면, 현 시대 아이들에게 세상은 〈헝거게임〉이고, 사회에서 아이들에게 바라는 것은 〈트루먼 쇼〉이다. 그리고 그런 아이들을 구원하는 〈죽은 시인의 사회〉의 키팅 선생님 같은 어른들이 있다. 하지만 언제까지나 몇몇 개인들에게만 기대어 아이들에게 행운 같은 어른이 나타나기를 바랄 수는 없는 법이다. 먼저 '좋은 어른'이 더 늘어나고, '좋은 어른'이 내는 목소리가 사회에 반영되는, 그런 날이 오지 않을까 (난 언제까지고) 희망을 놓지 않으려 한다.

사회는 형상이 눈에 그려지는 용어는 아니지만, 아이들은 주변의 어른들을 통해 사회라는 형상을 본다. 우리는 의식하든 의식하지 않든 한 아이의 사회에 기여하고 있다. 우리가 지닌 '좋은 어른'의 힘을 믿는다.

미주

1. https://news.sbs.co.kr/news/endPage.do?news_id=N1006738056)
2. 정서원(2023년), "'-린이' 사용을 중심으로 살펴 본 매체 속 어린이 이미지에 대한 연구", 숙명여자대학교 대학원
3. https://n.news.naver.com/mnews/article/025/0003192227?sid=102
4. https://n.news.naver.com/mnews/article/006/0000114277?sid=102
5. https://news.ebs.co.kr/ebsnews/allView/60448170/N#none
6. https://www.yeongnam.com/web/view.php?key=20240705010000779
7. https://n.news.naver.com/mnews/article/028/0002697583?sid=102
   https://n.news.naver.com/mnews/article/081/0003436672
8. 〈아동·청소년 삶의 질 2022〉 지표보고서, 통계청
9. '2024년 아동행복지수', 초록우산재단
10. 〈어린이의 놀 권리에 관한 법·정책적 개선 방안 연구〉, 박혜영, 2023
11. 장승현·이근모(2013), 영화로 재현된 한국 엘리트스포츠의 현실고찰, 한국스포츠사회학 회지, 26(1), 23-43

12. https://blog.naver.com/futurehope2017/223173631172

13. https://www.huffingtonpost.kr/news/articleView.html?idxno=80348

14. "독일의 출생신고 법제에 관한 소고", 전남대학교 법학연구소, 한명진(2019)

15. https://n.news.naver.com/mnews/article/079/0003917600?sid=102

16. 이민정·유성상(2022). "학교부적응 학생에 대한 교사의 경험과 인식-학교 내 대안교실 사례를 중심으로", 한국교육사회학회 2022 춘계학술대회

17. 위와 같음

18. "보육교사의 아동학대 발견 내용과 그 대처 행동에 관한 연구", 상지대학교, 김소영(2020)

19. 위와 같음

20. '스웨덴은 왜 '자녀 체벌' 금지했나', 〈시사인〉, 변진경(2018)

21. "'다문화가정' 용어에 내재된 차별과 편견에 관한 연구", 조숙정, 다문화사회와 교육연구 제13집 2023, 인터뷰 중에서

22. 위와 같음

23. 위와 같음

24. https://naver.me/5l7Yi949-

25. 공유 인터뷰 중에서 일부 발췌, SBS '한밤의 TV연예', 2011.9.28-

26. https://www.hani.co.kr/arti/culture/culture_general/498359.html?utm_source=copy&utm_medium=copy&utm_campaign=btn_share&utm_content=20240714

27. "아동의 참여권 보장을 통한 아동친화도시 실현", 조성제, 2023

28. "정당에서의 정치교육과 청소년 정치활동 참여", 이재희(2022), 법과인권교육연구

29. "아동의 참여권 보장을 통한 아동친화도시 실현", 조성제, 2023

30. "아동참여권 실현을 위한 노력:유엔아동권리위원회 일반논평을 기반으로", 정병수, 2016

영화로 만나는 아동 권리 감수성

어른들의 시선이 아이들의 현실이 됩니다

ⓒ 원은정

1판 1쇄 발행 2024년 10월 10일
지은이 원은정
펴낸이 전광철 **펴낸곳** 협동조합 착한책가게
주소 서울시 마포구 독막로 28길 10, 109동 상가b101-957호
등록 제2015-000038호(2015년 1월 30일)
전화 02) 322-3238 **팩스** 02) 6499-8485
이메일 bonaliber@gmail.com
홈페이지 sogoodbook.com

ISBN 979-11-90400-54-1 (03370)